내향적 구성원에게
친화적인 일터 만들기

모든 조직구성원이 자신의 재능을 발휘하여
최적의 성과를 낼 수 있도록 조력하는 방법

내향적 구성원에게
친화적인 일터 만들기

Jennifer B. Kahnweiler 저
박정민 역

박영
story

나의 소중한 손녀 에이바와 밀리에게
'많은 사람들을 넉넉하게 포용할 수 있는 세상'을
선물하고 싶다

차례

'한 명의 사람을 설명할 때 얼마나 많은 단어가 필요한가'에 대한 생각을 시간이 지날수록 점점 더 많이 하게 됩니다.

그 사람이 통제할 수 있는 특성. 그 사람이 통제할 수 없는 특성.
스스로 변화시키고 싶은 특성. 스스로 변화시키고 싶지 않은 특성.

이 모든 것이 합쳐진 것이 '한 명의 사람'일테니까요.

한 사람을 구성하고 있는 수많은 특성 중에서, 우리가 알고는 있지만 크게 신경쓰지 않았던 '내향성'이라는 특성에 대한 이야기를 이 책을 통해 할 수 있어서 참 좋았습니다.

일터에서 우리와 함께 일하고 있는 선배와 후배, 동료와 고객에 대해 조금 더 이해할 수 있는 기회가 될 거라는 생각이 들었거든요.

'나와 다른 특성을 가진, 그래서 잘 이해가 안되지만,
정말 멋진 역량과 자원을 가지고 있는 동료에 대해
열심히 공부하고 다가가서,
같이 어울려 일을 잘해보고 싶어'라는 마음을 가진 모든 분들께
선물로 드리고 싶습니다.

2022년
같은 하늘 아래
박정민 드림

서문

언젠가 나는 다양한 회사에서 참가한 30명의 엔지니어들을 대상으로 1주 동안 리더십 강의를 진행하고 있었다. 그러던 중에 어떤 한 사람(여기서는 Sean(션)이라고 부르기로 하자)이 그다지 말을 하지 않고 있다는 것을 문득 깨달았다. 쉬는 시간이 되었을 때, 나는 션에게 다가가서, 수업에 대해 어떻게 느끼는지 물어보았다. 션은 잠시 머뭇거리더니 이런 이야기를 하였다. "그게요, 제니퍼(Jennifer). 강의 내용도 흥미 있고, 어떤 부분은 실제 현장에서 활용할 수 있을 것 같아요. 하지만 문제는요. 제가 우리 회사에서 절대로 관리자가 못 될 거라는 사실인 거죠."

"어떻게 그렇게 확신하세요?" 나는 물어보았다.

"우리 회사의 관리자들은 정말 큰 소리로 이야기하고, 정말 신속하고 빠르게 움직이는데요. 저는 그렇지 않거든요." 션은 대답했다.

나는 평소에 사람들에게 힘을 불어넣어주고 싶을 때 쓰는 표현들 ("포기하지 마세요!", "왜 그러세요, 정말 좋은 강점을 많이 가지고 계시잖아요?")을 쓰려고 해보았지만, 아무리 내가 노련하게 응원을 하더라도 션에게는 효과가 없을 거라는 것을 느낄 수 있었다.

내가 예전에 썼던 책들을 보면 ——『상처받지 않고 일하는 법(The Introverted Leader)(2009년 초판의 번역본)(2018)』, 『조용한 영향력(Quiet Influence)(국내 미출간)(2013)』, 『서로 반대의 성향이 함께 만들어내는 천재성(The Genius of Opposites)(국내 미출간)』 —— 내향적인 사람들이 자신의 조용한 강점을 어떻게 활용해서 좋은 성과를 내고 강한 영향력을 미치는지에 대한 사례들을 아주 많이 소개했었다.

하지만, 션에게 이야기를 하고 있을 때 나는 깨닫게 되었다. 내향적인 사람들에 대한 내 연구 범위가 훨씬 더 넓어져서, 조직이 내향적 구성원들의 힘을 더 잘 활용할 수 있도록 해야 한다는 사실을 말이다.

그렇다면, 션과 같은 내향적 구성원의 강점을 강화해주고, 전통적으로 외향적인 일터 문화 속에서 그들의 업무 스타일을 지원해주려면 어떻게 해야 할까? 나는 이 책을 통해 이 질문에 대한 대답을 찾고 싶었다.

우리가 조직을 운영하는 데 있어서, 내향적인 구성원들의 강점과 특성을 명확하게 이해하지 못한다면, 너무나 많은 핵심인재들의 재능과 스킬을 활용하지 못할 위험이 있으며, 그들이 사업에 미칠 대단한 긍정적 영향력을 얻지 못하게 될 가능성이 있다. 사람들이 션과 같은 내향적 구성원에게 계속해서 변화해야 한다고, 좀더 말을 많이 하고 외향적인 행동을 해야 한다고 요구한다면, 내향적 구성원들은 결국 궁지로 몰릴 수밖에 없다. 대부분의 경우, 조직에서는 내향적인 구성원들의 존재감을 잘 인식하지 못하고, 그들의 아이디어, 창의성, 독특한 시각을 무시해버린다. 그러면 우리의 일터는 어떻게 될까? 업무문화에서 활기찬 분위기는 점점 줄어들어 버리고, 만들어내는 해결책의 다양성은 점점 감소될 것이며, 결국 우리 조직은 경쟁력을 잃게 될 것이다.

< 표 1 > 내향적 구성원과 외향적 구성원의 특성

내향적 구성원	외향적 구성원
혼자 있을 때 에너지 충전이 되기 때문에, 중간중간의 휴식이 꼭 필요함	주위 사람들로부터 에너지를 받기 때문에, 중간 휴식을 하는 것도 좋지만 꼭 필수적인 것은 아님
속마음을 쉽게 드러내지 않음	열정적임
충분한 생각을 해본 다음에 의견을 표현함	즉각적으로 떠오른 생각을 이야기함
처음에는 다소 낯을 가림	사람들에게 쉽게 마음을 열고 공유함
표정변화가 적은 편임	표정이 풍부함
글쓰기를 선호함	직접 말하는 것을 선호함
소그룹이나 1대1 대화를 좋아함	대그룹 속에서 여기저기로 움직이면서 새로운 사람들을 만나고 생각을 공유하는 것을 선호함
자신의 성과에 대해 적극적으로 어필하는 편은 아님	자신의 성취물에 대해 자기주도적, 적극적으로 이야기함
준비를 할 수 있는 시간이 필요함	신속하게 움직일 수 있음
조용한 편임	에너지가 많음

내가 이 책을 쓴 이유

나는 외향적인 사람이다. 외부 세상으로부터 에너지를 얻는 편이고, 다른 사람들에게 정보를 많이 받는다. 전에 썼던 책에서도 이 이야기를 했고, 강의를 할 때에도 내 특성에 대해 자주 이야기하는 편이다. 그래서 여러 사람들이 궁금해한다. 나는 왜 15년 이상이나 되는 오랜 기간 동안 내향적인 사람들(나와 정반대의 특성을 가지고 있는)이 만들어 내는 세상의 가치를 인정해야 한다고 주장하는지에 대해 말이다.

그래서 이번 기회를 통해, 사람들이 아직 잘 모르는 미지의 세계, 내향적인 사람들의 멋진 특성에 대해 제대로 한번 설명해보려고 한다. 나의 배우자 빌(Bill)은 순수한 마음을 가진 내향적인 사람의 전형이고 (하지만 괴팍한 모습을 보일 때도 많다), 내가 내향적인 사람들에 대해 관심을 가지게 된 이유이기도 하다. 빌의 음(陰)의 성향은 나의 양(陽)의 특성과 균형이 잘 맞는다. 물론 우리의 차이점(내향성과 외향성)이 충돌을 일으킬 경우 여전히 미친듯이 싸우긴 한다.

내가 결혼한 내향적 사람이 어떻게 기능하는지에 대해 배우게 되면서, 상담, 컨설팅, 교육 분야의 내 커리어 활동에서 만나게 되는 내향적인 고객들과 어떻게 관계를 맺어야 하는지에 대해 매우 큰 도움을 받게 되었다. 나는 내향적인 고객의 성향을 외향적으로 변화시키려는 시도보다는 그들의 조용한 수퍼파워를 인정하며 최적화, 최대화시키는 작업을 더 많이 하게 되었다. 내향적인 조직구성원들이 업무에서 성공을 거두는 것을 보면서, 비즈니스 세계에서 일하고 있는 사람들은 내향적인 구성원들의 실제적인 모습과 오해되는 부분에 대해 명확히 이해할 필요가 있다는 생각을 하게 된 것이다. 내가 경험했듯이, 다른 사람들도 내향적인 구성원들을 인정하고 포용함으로써 훨씬 더 유연한 일터를 만들 수 있다는 사실을 알았으면 좋겠다.

둘째, 나의 부모님은 항상 말씀하셨다. "일을 할 거면 네가 좋아하는 일을 해야 하고, 너를 돋보이게 해줄 수 있는 일을 해야 한다."고 말이다. 나는 운이 좋게도 그럴 수 있는 일을 찾았고, 이제는 즐거움을 찾지 못하는 지루한 일을 하느라 인생을 낭비하지 않도록 고객들을 돕고 있다. 내가 상담과 교육을 할 때 만났던 고객들이 자신의 내향성을 인식하고, 스스로의 스타일을 인정했을 때, 그들은 훨씬 더 유연해졌고, 더 많은 자기수용을 하게 되었으며, 진정한 자신의 모습을 자유롭게 펼칠 수 있는 적절한 커리어패스와 업무환경을 찾게 되는 경우가 많았다. 바로 이것이 내가 내향적인 고객들을 돕는 방법이다.

내가 내향적인 사람들에 대한 전문가가 된 이유, 그리고 특히 이 책을 쓰게 된 또 하나의 이유는 주위 동료들과의 관계 때문이기도 한다. 다행히 요새는 의사결정권자 집단에서도 앞으로 나서서 소극적인 사람들을 대변해주는 경우가 늘어가고 있다. 다수를 차지하는 외향적인 사람들이야말로, 내향적인 사람들을 위해 목소리를 내줄 수 있고, 그들이 적절한 인정을 받고 의견을 낼 수 있도록 도와줄 수 있는 힘을 가지고 있다. 남성이 여성의 권리를 위해 목소리를 내고, 성소수자(LGBTQIA) 커뮤니티를 위해 이성애자와 시스젠더(cisgender: 지정성별과 성별정체성이 동일하다고 느끼는 사람)가 지원을 해주는 것과 마찬가지로, 나와 같은 외향적인 사람들이 약간의 시간과 에너지만 투자한다면 내향적인 동료들의 의견이 잘 드러나고 능력있는 리더로서 성장할 수 있도록 조력해줄 수 있다.

내향성 혁명을 위한 다음 단계

다양성(diversity), 공정성(equity), 포용성(inclusion)에 대한 사람들의 관심과 움직임이 커지게 되면, 내향성이라는 것은 우리가 살고 있는 사회에서 자연스러운 요소로 인식될 거라고 나는 확신한다. 이와 같은 내향성 혁명의 다음 단계에서는, 내향적인 사람들에 대한 흥미가 높아지게 될 것이고, 내향적인 사람들이 마음껏 날개를 펼칠 수 있는, 그야말로 모든 사람들이 혜택을 받을 수 있는 문화를 구축하는 방법에 대해 더 많은 논의가 일어나게 될 것이다.

각 개인구성원 수준에서 내향적인 사람들을 포용하고, 내향적인 사람들이 가지고 있는 가치에 대해 인식하게 되면 얼마나 많은 변화가 일어나는지를 나는 지금까지 꽤 많이 관찰해왔다. 하지만, 전체적인 조직의 업무 문화의 기존 방향이 바뀌기 위해서는 더 긴 시간이 필요할 것이다. A유형 성격(적대적이고 경쟁적인 편이며, 다양한 대상에 관심을 갖고, 원하는 것을 꼭 획득하려 하며 다소 성급한 성격—역주)과 외향성인 사람들이 다수를 차지하고 있는 일터가 내향적인 사람들에게 더 포용적인 모습을 보여주기 위해서는 앞으로 더 이루어져야 할 일이 많다.

우리의 조직이 보다 효과적으로 체계적 변화를 만들어낼 수 있으려면, 보다 명확한 로드맵이 만들어져야 한다.

내향적 구성원에게 친화적인
일터 만들기

내향성에 대해 이전에 썼던 책에서도 그랬지만, 나는 이 책을 통해 전통적인 조직문화의 기반이 흔들려서 작은 틈새라도 생기기를 희망하고 있다. 내향적인 구성원이 가지고 있는 가치에 대해 조직에서 인식할 수 있도록, 업무현장에서의 대화와 실현가능한 변화 행동을 시작할 수 있는 자극이 되기를 바란다. 이 책을 읽은 독자들이 시작해볼 수 있는 핵심적인 대화 실례들을 몇가지 생각해보자.

1. 우리가 어떻게 새로운 변화를 따라잡을 수 있을까?

조직의 문화가 정체되면, 경쟁력은 당연히 감소될 수밖에 없다. 따라서, 지금까지 눈에 띄지 않았던 내향적인 조직 구성원들이 자신의 강점을 발휘하도록 하기 위해, 내향성-친화적 문화는 일터에서 점점 더 중요한 요소가 될 것이다. 이 책에서는 조직이 체계적이고 문화적인 변화를 통해 내향적인 구성원들을 좀더 많이 포용해야 한다는 사실을 설명해줄 것이다.

2. 내향적인 구성원들을 포용하는 작업은 누가 리딩하는 것이 좋을까? 그리고 우리는 그 과정을 통해 어떤 것을 배워야 할까?

다양한 조직들은 다음과 같은 전사적 솔루션을 기획해서 실행하고 있다. 업무 재설계, 모두다 지켜야 하는 업무집중시간, 내향적 구성원들이 최고의 성과를 만들어낼 수 있도록 하는 구성원 관리 지침서 등등. 이 책에서 독자들은 이상적인 프로그램과 효율적 업무체계에 대해 더 많이 배울 수 있을 것이다.

3. 우리 조직의 내향적 구성원 포용 전략은 어떤 형태가 되어야 할까?

리모트 워크(remote work), 개인적인 공간이 있는 유연한 오픈 오피스와 같은 작은 변화들이 시작되고 있지만, 대부분의 조직은 내향적 구성원의 강점을 강화하고 업무에 적극적으로 몰입할 수 있도록 조력하는 명확한 전략이 부족한 편이다. 대강 계산해보더라도, 세부적인 전략이 없을 경우 팀의 전력을 40~60% 정도는 제대로 활용 못하는 것이고, 이는 바람직한 혁신과 성장에 방해가 되는 일이라고 말할 수 있다.

이 책은 내향적 구성원을 지원하기 위해 필요한 일곱가지 핵심 분야를 다뤄볼 예정이다. 독자분들이 각 분야에서 어느 정도 잘해내고 계신지, 그리고 앞으로 더 해야 할 일은 어떤 것이 있는지에 대해 평가해볼 퀴즈도 실어볼 계획이다.

나의 접근방법

나는 내 자신을 저널리스트라고 생각할 때가 많다. 심층적인 인터뷰를 통해 트렌드와 현재 사회의 핵심 주제를 파악하는 일을 하는 사람 말이다. 이상적인 사례를 찾게 되면, 회사와 기관들에서 기조 연설자, 트레이너, 컨설턴트로 일할 때 그 스토리와 실례를 사용하곤 한다. 이 책에도 몇 명의 동료들과 고객들을 대상으로 진행했던 인터뷰 내용을 실어놓았다. 모두 실명을 사용하도록 허락해주신 것에 대해 감사드린다.

내가 이 책에서 활용했던 방법은 기존과 비슷하지만 한가지 커다란 차이점이 있었다. 이번에 나는 내향적 구성원에게 친화적인 조직 서베이(부록에 실어놓았음)를 실시해보았다. 그 과정을 통해 내향적 사람들이 일터에서 마주하고 있는 도전과제들에 대해 더 많은 정보를 얻을 수 있었다. 현재 일터의 상황이 어떤지에 대해 그림을 그리는 데에 기대했던 만큼 도움이 많이 되었다. 일터 서베이에서 240명의 응답을 받았고, 나의 인터뷰 연구 문제에 도움이 되는 주관식 답변들도 충분히 얻을 수 있었다. 예를 들어, 내향적 응답자들은 전통적인 개방형 사무실 구조에 대해 그다지 선호하지 않는다는 이야기를 많이 하는 편이었다. 내향적 구성원을 위한 일터를 기획하는 디자인 회사에서 참가자들의 주관식·객관식 답변을 분석하였다.

이 책은 어떤 사람을 위한 책인가?

나는 이 책을 통해 조직들이 숨겨져 있는 50%의 직원(예: 내향적인 사람들)의 잠재력을 발견하고, 그들의 업무생산성을 강화하는 작업을 조력하고 싶다. HR 담당자들, 다양성/포용성/공정성 전문가들, 조직교육 담당자들, 교육 담당 임원, 내부 강사들이 이 책을 활용해주었으면 좋겠다. 이 책 『내향적 구성원에게 친화적인 일터 만들기』는 컨퍼런스에서의 토론, 강의, 시니어 리더 교육, 타운홀 미팅 시간에 자료로 쓰이기를 기대한다.

이 책이 일터환경 조성작업에 참여하는 사람들, 그리고 자신과 함께 일하는 모든 구성원들의 잠재력을 제대로 파악하고자 하는 모든 직급의 리더들에게도 흥미로운 자료가 될 수 있을 거라 믿는다. 일터에서의 내향적 구성원을 위한 변화관리자(change agent)의 역할을 맡고 있는 사람이라면 조직의 문화가 어떻게 하면 더 내향성-친화적이 될 수 있을지에 대해 실제적이고 실현가능한 팁을 얻을 수 있을 것이다. 독자분들이 조직에서 어떤 역할을 맡고 있든지, 어떤 직급이든지 간에 상관없이, 이 책을 통해 일터에서의 내향적인 사람들에 대한 대화를 좀더 손쉽게 시작하고, 조직에서 일터의 포용성 수준을 높이려는 긍정적 변화를 어떻게 만들어가야 할지에 대해 도움을 받을 수 있기를 기대한다.

이 책의 구성

내향적인 사람들에게 친화적인 일터의 사례들을 살펴본 후에는, 현재의 조직이 내향적 구성원들을 어느 정도 잘 포용하고 있는지를 평가해볼 수 있는 퀴즈를 풀어볼 것이다. 이 책에서 살펴볼 일곱개의 핵심적 분야에서 독자분들의 조직이 얼마나 잘 기능하고 있는지에 대해 진단이 가능할 거라 생각된다.

그 다음에는 일곱개의 핵심적 분야에서 내향적 구성원들에게 효과적인 영향을 미칠 수 있는 실용적인 솔루션에 대해 다뤄볼 계획이다.

첫번째로는, 업무 문화의 근본적 요소들에 대해 살펴보도록 하겠다. 사람들을 어떻게 고용하는지, 어떻게 리딩하는지, 그리고 어떻게 소통하는지에 대해서 말이다. 이 근본적 요소들을 살펴보고 나면, 개방적 구조의 사무실과 효과적인 일터 설계에 있어서의 도전과제가 어떤 것인지 알 수 있게 될 것이다. 리모트 워크 및 유연근무제도를 탐색해보면서, 내향적 구성원과 외향적 구성원의 다양한 시각에서 생각해보도록 하자. 내향적 구성원의 학습 스타일을 고려하여 팀의 역동과 교육, 개발 프로그램을 기획해보는 부분은 현재의 어려움을 풀 수 있는 마지막 핵심 내용이 될 것이다.

우리는 벌써 첫 발자국을 떼었다

내 강의를 듣는 청중들과, 내 책을 읽는 독자들은 항상 내가 다음에 책으로 써주었으면 하는 주제에 대해 이야기를 해준다. 이번에도 마찬가지였다. 개인 고객들과 조직들은 내향적 구성원들을 조금 더 잘 포용하려면 어떻게 해야 할지에 대해 많은 질문을 해주었다. 이 책은 그 질문들에 대한 하나의 대답이 될 것이고, 논의를 시작할 수 있는 하나의 공간이 될 수 있을 것이다. 이 책을 서점에서 구입해주시고, 전자책을 다운로드해주시고, 오디오북을 들어주신 독자분들께 진심으로 감사드린다. 사실 우리는 누구든지 내향적 구성원들에게 친화적인 업무 문화 변화를 만들어낼 수 있는 존재이다. 이 책을 읽기 시작한 당신은, 이미 보다 공정하고 포용적인 일터를 만들기 위한 운동의 첫 발자국을 뗀 것이라고 말할 수 있겠다.

당신의 조직에 존재하고 있는 내향적 구성원의 파워를 강화하기

1985년이었던 것으로 기억한다. 나는 중서부 지역에 위치한 큰 규모의 대학에서 진로 및 취업부서장으로 일하고 있었다. 매년 봄이 되면, 엔지니어링과 경영전공 졸업예정생들이, 신입사원 채용을 위해 학교를 방문한 IBM, GE, (그때 당시) 8대 회계법인들과 인터뷰를 하기 위해 줄을 서곤 했다. 취업을 하고자 하는 학생들은 거의 모두 다 비슷해보였다. 백인 남성들이 대부분이었고, 출신지역도 거의 유사했다. 아주 가끔씩 여학생들이 보이긴 했다.

유난히 인상적이었던 날이 기억난다. 샌프란시스코 만(bay) 지역에서 온 리크루터가 청바지 차림에 긴 머리를 휘날리며 방에 들어왔고, 학생들과 이야기하고 싶어했다. 그런데 오히려 우리 학생들은 IBM에 가려면 이렇게 입어야 한다고 알려져 있는, 청색 수트와 붉은 넥타이

(불편하게 보일 정도로 과한 정장)를 차려 입고 있어서 다소 민망해하고 있었다. 나중에야 그 리크루터가 과일 이름을 가진 새로운 테크놀러지 회사, 애플에서 온 사람이라는 것을 알게 되었다.

그날 우리가 봤던 애플 리크루터의 독특한 모습은 앞으로 오게 될 미래를 살짝 보여준 것이었다고 생각한다. 드레스 코드를 포함해서, 일터에 존재하고 있던 전통적인 관행과 규정들이 더 이상 효력을 갖지 못하게 되는 미래 말이다. 청바지에 긴 머리(남성이었음)도 일터에서 수용가능한 자기표현의 한 형태가 된 것이다. 그 외의 다양한 헤어스타일과 의상들도 곧 사람들에게 자연스럽게 받아들여졌다.

이제 우리는 모두 다 알고 있다. 최적의 성과를 만들어내기 위해서는, 조직의 규모가 크건 작건 간에, 다양한 구성원들을 포용해야 한다는 사실을 말이다. 여성, 유색인종, 성소수자(LGBTQIA), 장애를 가지고 있는 사람들. 다행히도, 갤럽 조사[1]에 의하면, 점점 더 많은 조직들이 '다양성'이라는 정의의 범위를 확대하는 것을 고려하고 있다. "라이프 스타일, 성격특성, 시각, 의견, 가족구성, 학력, 근무기간". 갤럽은 연구조사를 통해 이미 정리된 '다양성'에 대한 문헌자료들이 우리가 그동안 신경쓰지 않았던 정보를 얼마나 많이 담고 있는지를 파악했다.

> 포용적인 일터환경에서 일하는 조직구성원은 자신의 독특한 특성에 대해 자부심을 느낄 수 있게 되기 때문에, 자신의 아이디어를 동료들과 적극적으로 공유하고 협업을 할 때, 자연스럽게 자신의 마음을 열어보이게 된다. 구성원들이 더 많은 아이디어를 창출해내고, 창의적인 다양한 시각을 공유할 때 조직의 생산성은 당연히 높아지게 될 것이다.

내향적 구성원에게 친화적인
일터 만들기

실제 세상에서 나타나는, 다양한 조직구성원들에 대한 논쟁에 대해 언급하면서, 링크드인(LinkedIn)의 창업자 리드 호프만(Reid Hoffman)은 점점 더 많은 조직들이 "단 하나의 문화"로 통일되고, "획일성이 높아지는 반향실 효과(echo chamber: 같은 성향의 사람들끼리만 이야기해서 점점 더 특정 성향이 강해짐)"가 강해지고 있다고 경고하였다.

"단일문화가 가지고 있는 위험성이 있습니다." 호프만은 자신의 팟캐스트 '마스터즈 오브 스케일(Masters of Scale)'에서 우리가 놓치기 쉬운 맹점에 대해 이렇게 이야기했다. "구성원들은 현실과는 전혀 다른, 하지만 자신들이 옳다고 생각하는 가치를 강화하는 이야기만을 계속해서 하게 됩니다."[2]

감사하게도, 비즈니스 분야에서도 윤리적인 가치관 분야에서도, 다양성에 대한 문제는 더 이상 논란거리가 아니게 되었다. 하지만, 다양성의 한 분야는 아직까지도 충분히 이야기되지 못하고 있다. 신경다양성(neurodiversity)이라 불리는 다양성의 한 분야는 기질(temperament)로서, 내향성과 외향성을 포함하고 있다.

신경다양성은 뇌가 기능하고, 정보를 해석하는 다양한 방법을 보여준다. '사람들이 각자 독특하게 생각하고 사고하는 것은 자연스럽다'는 사실을 강조하는 개념이다. 모든 사람들은 각자의 흥미와 동기를 가지고 있고, 다른 사람보다 더 잘하는 것이 있고, 더 서투른 것이 있다는 이야기이다.[3]

내향적인 사람은 어떤 사람일까?

심리학자 칼 융(Carl Jung)은 '내향성(introversion)'이란 자신의 내면으로부터 에너지를 충전하는 경향성이라고 처음으로 정의했었다. 인간의 에너지를 배터리라고 생각해보자. 외향적인 사람들은 주위 사람들과 함께 있으면서 배터리를 충전하는 반면, 내향적인 사람들은 본인의 마음 속에서 파워를 만들어낸다. 즉, 내향적인 사람들은 조용하게, 혼자 보내는 시간에서 에너지를 얻지만, 사람들과 어울리는 모임에서는 에너지를 많이 쓰게 된다. 그건 그렇고, 세계 인구의 거의 절반이 내향적인 사람이라는 사실을 당신은 알고 있는지 궁금하다.[4]

내향적인 사람들의 가장 공통적인 특징(내향적인 사람과 외향적인 사람간의 공통적인 차이점은 표 1에 정리해보았다)을 한번 살펴보자.

- 개인적이고 내향적이다 — 적어도 첫 인상은 그렇다
- 정서적 표현을 많이 하는 편은 아니다
- 차분하고 겸손한 편이다
- 성찰을 위한 조용한 시간을 필요로 한다
- 즉흥적으로 뭔가를 하기보다는 미리미리 준비하는 것을 선호한다
- 직접 만나 이야기를 하는 것보다는, 서면 대화를 좋아한다
- 상대방의 말에 몰입해서 경청하는 모습을 보인다
- 많은 사람들이 모이는 행사보다는, 소그룹이나 1대1 대화에서 한가지의 주제에 대해 깊이있게 이야기하는 것을 더 선호한다
- 침묵을 편안하게 느낀다

내향성-외향성 스펙트럼

정상분포곡선을 가지고 내향성을 한번 생각해보자. 곡선의 양극단에 있는 아웃라이어들이 존재한다. 우리 주위의 친구, 가족, 동료들 중에서도 외향성쪽에서 "마당발"이라고 불리는 사람이 있을 것이고, 내향성쪽에서는 "방콕족"이라고 불리는 사람이 있을 것이다.

대부분의 사람들은 내향성-외향성 스펙트럼의 중간 어딘가쯤에 존재한다. 외향성 쪽으로, 또는 내향성 쪽으로 약간 치우쳐 있는 정도일 것이다. 그리고 사실 우리는 양쪽 성향을 어느 정도는 모두 가지고 있는 경우가 많다. 내향적인 사람도 가끔씩은 외향적 특성을 사용하고, 외향적인 사람도 때때로 내향적인 행동을 보일 때가 있다.

양쪽 손으로 모두 글씨를 잘 쓸 수 있는 양손잡이와 마찬가지로, 양향성(ambivert)이라는 용어는 그다지 의도적인 노력을 하지 않고도 내향성과 외향성의 행동을 필요할 때마다 자연스럽게 할 수 있는 사람을 가리킨다. 두가지 기질의 행동을 유연하게 잘 할 수 있는 사람의 예로는 영업직원을 들 수 있을 것이다. 영업직원들은 상대방의 이야기에 진심으로 귀를 기울인다(내향적인 사람들의 강점). 그리고, 자신이 판매하는 상품에 대해 열정적으로 이야기할 수 있다(외향적인 사람들의 강점). 내가 지금까지 만나봤던 양향성 사람들을 떠올려보면, 내향성, 외향성이라기보다는 양향성이라고 부르는 것이 더 잘 어울리는 것 같다.

평소에 나는 상대방의 내향성이 더 강한지, 외향성이 더 강한지를 판단해보기 위해 이렇게 질문을 해보는 편이다. "사람들과의 모임을 가진 후에는 조용히 혼자 에너지를 충전하는 시간을 꼭 필요로 하는 편인가요?"

"그렇다"고 대답할 경우, 당신은 내향적일 가능성이 높다. "휴식하는 시간을 갖는 거 좋죠. 조용하게 있는 것도 좋아하는 편이고, 천천히 쉬는 것도 즐기는 편이에요."라고 대답을 하더라도, 휴식은 "하게 되면 좋은 것"이지, "꼭 필요한 것은 아니다"라는 이야기를 한다면, 아마 당신은 외향성의 사람일 것이다.

수줍음과 내향성의 차이

내향성에 대해 가장 크고, 가장 많은 악영향을 주는 신화들 중의 하나는, 내향성을 수줍음과 동일시하는 것이다. 내향성과 수줍음은 동의어가 아니다. 수줍음은 사회적, 심리적 불안에 기반한 것이고, 수줍음의 정도는 줄어들 수 있다. 미국심리학회(American Psychological Association)에 따르면, 수줍음은 "스스로 원하거나 필요할 때에도 다른 사람들과의 상호작용을 잘 하지 못해서, 관계에 있어서의 문제를 만들거나 일터에서의 어려움을 만들 수 있는 특성5이라고 한다."

물론 수줍음과 내향성이 동시에 나타날 때도 있겠지만, 두가지는 분명히 다른 개념이다. 수줍음과 내향성을 같은 것으로 보게 될 때 생기는 문제는, 내향적인 행동이 수줍음과 동일한 비판을 받는다는 것이다. 수줍음과 달리, 내향성은 문제점도 아니고, 흠도 아니고, 극복해야 할 약점도 아니다. 그저 어떤 사람들이 자연스럽게 가지고 있는 특성일 뿐이다. 내향성은 주위 사람들에게 인정받아야 마땅한 자산이라고 말할 수 있다.

내향적 사람의 강점에 대해 생각해보기

나는 내향적인 사람들 앞에서 강의를 할 때, 내향성의 강점에 대해 이야기해보라는 요청을 종종 하곤 한다. 잠시 침묵이 흐른 후, 사람들은 앞다투어 말을 쏟아내기 시작한다. 처음에 나오는 이야기는 보슬비같이 시작된다. "관찰을 잘한다, 경청을 잘한다." 그 다음부터는 강한 소나기같이 쏟아진다. "글을 잘 쓴다. 유머가 넘친다. 성찰을 잘한다. 차분하다. 회복탄력성이 있다. 사람들과 깊은 관계를 잘 맺는다." 이와 같은 내향적 사람들이 가지고 있는 재능과 세상에 기여하는 바에 대해 수많은 이야기가 나오고, 자신들의 많은 강점을 인식하게 되면서, 청중들은 좀 더 당당한 태도로 자세를 고쳐앉는 것을 볼 수 있다. 스스로가 가지고 있는 강점에 대해 자각한다는 것은 매우 큰 영향을 줄 수 있는 행동이다.

표 1을 보면, 내향적 사람과 외향적 사람의 특성을 비교해놓았다. 당신의 조직에서는 어떤 특성을 더 가치있게 생각하는가?

당신의 조직에서도 외향적인 특성을 더 가치있게 생각하고 있다면, 아마 쉽게 이해할 수 있을 것이다. 왜 내가 이렇게까지 조직으로 하여금 '내향성에 대해 부정적으로 생각하고 선입견을 가지는 태도'를 인식하고 변화할 수 있도록 돕는 일에 열정을 가지고 있는지 말이다.

내향성을 부정적으로 생각하는 선입견

2010년, 나의 『상처받지 않고 일하는 법(The Introverted Leader)』이 출간된 해였다. 나는 월스트리트 저널(The Wall Street Journal)의 훌륭한 비즈니스 분야 담당 기자로부터 전화를 받았다. 그 기자는 내향적인 CEO에 대한 기사를 준비하고 있었는데, 실명을 밝힐 수 있는 인터뷰이를 찾기가 너무나 어렵다고 투덜거렸다. 내향성을 가진 것으로 보이는 CEO를 몇 사람 찾기는 했지만, 그들은 모두 공식적으로 자신의 내향성과 관련된 도전과제와 성공경험에 대해 공식적으로 이야기하는 것을 거절했다는 것이다.

몇 년이 지난 후, 나는 소비재 생산 분야에서 포춘 100대 기업에 들어가는 한 회사의 부서를 대상으로 '내향적 리더십과 자기자각'이라는 주제의 교육 프로그램을 준비하고 있었다. 파일럿 프로그램을 시작하려 하자, 해당 프로그램의 임원급 스폰서(내향적인 사람이었다)는 강좌 제목에 '내향성'이라는 단어가 들어가지 않았으면 좋겠다고 이야기했다. 임원은 성격유형을 의미하기는 하지만, 조금 더 직설적이지 않은 단어로 바꾸기를 바랐다. 이유가 무엇이었을까? '내향성'이라는 단어가 부정적으로 들린다는 것이었다. 그 임원은 자기자신도 내향적이었고, '내향적 리더십과 자기자각'이라는 프로그램 스폰서 역할을 맡고 있음에도 불구하고, 내향적 사람들에 대해 대단한 편견을 가지고 있던 것이다. '내향성'이라는 단어 사용 자체를 거부할 정도로 말이다.

우리가 살고 있는 세상으로 돌아와보자. 일터 분위기에서는 변화가 정말 많았다. '#흑인의 생명은 소중하다(#BlackLivesMatter)' 운동, '#미투(#MeToo)' 운동, 성소수자 인권 운동은 미국에 있는 회사 구성원들에게 많은 관심을 받고 있다.

어떤 사람들은 이와 같은 변화가 단순한 립서비스에 지나지 않는다고 말하고, 또 다른 사람들은 예전에는 거의 존재하지 않았던 다양성·공정성·포용성 교육, 구성원들이 직접 운영하는 다양성 촉진 그룹, 여러가지 훈련 및 개발 프로그램들을 위해 새로운 예산이 편성되는 것에 대해 환영하는 모습을 보이기도 한다.

하지만, 실제로 내향적인 구성원들에게 친화적인 일터를 조성해 주기 위한 전략적 기획은 아직 충분치 않은 상황이다. 내향적 사람들을 포용하는 팀 구성이나, 부서 내에서 만들어내는 작은 변화들도 올바른 방향으로 갈 수 있는 시도겠지만, 전체 조직을 포괄하는 큰 범위의 전략이 없다면, 그와 같은 작은 시도들이 체계적인 변화로 이어질 가능성은 거의 없다. 게다가, 대부분 조직의 경영진들은 내향성과 관련된 이슈들에 대해 논할 준비가 아직 되어 있지 않다. 혹시라도 내향성에 대한 이슈가 논의되더라도, 제대로된 실제적 변화가 일어나지 않고 그저 논의만 되는 수준에서 그쳐버리기 일쑤이다.

내향성-친화적 환경의 탁월성에 대해 잘 알려져 있지 않은 사실

긍정적인 변화에 대한 소식도 들려온다. 나사(NASA), 보쉬(Bosch), 머크(Merck)와 같은 유명한 조직들에서는 "내향적 구성원들이 가지고 있는 힘"을 활용하고자 하는 목표를 향해, 전략을 기획하고 수행해나가고 있다. 이 전략에 포함된 프로그램들은 다음과 같다. 업무 재설계, 내향적 임원이 '내향적인 리더십 실행과정'에 대해 공식적으로 동료들과 공유하는 기회 만들기, 혼자 조용히 있을 수 있는 공간을 회사 건물 내에 만들기, 내향적 구성원들이 선호하는 방향으로 대안적인 미팅 프로세스를 설계하기. 다양성 강화의 일환으로, 내향성과 외향성에 대한 열린 토론과 훈련을 하는 경우도 점점 많아지고 있다.

전세계 회사들에서 이와 같은 긍정적인 움직임이 시작되고는 있지만, 그 시도들의 효율성에 대해서는 알려진 바가 아직 거의 없다. 새롭게 시작된 변화요구에 대해 더 정확하게 이해하고, 필요한 조치를 취해야 할 필요성이 매우 크다.

그렇게 함으로써 내향적 구성원들은 올바르지 않은 편견을 뚫고 나와서, 자신의 내향성을 당당하게 보여주게 되었고, 조직은 그들이 가지고 있는 자원과 재능을 명확하게 파악할 수 있을 거라고 나는 확신한다.

나는 모든 직급에 있는 사람들이 긍정적 변화를 만들어내어 내향적 구성원들로부터 최고의 자원을 끌어내는 회사들의 탁월함을 발견하곤 한다. 이 책에서, 독자들은 내향적인 사람들에 대한 선입견을 깨부수기 위해 용감하게 움직이는 구성원들의 이야기를 읽을 수 있을 것이다. 팀구성원들과의 협력을 강화하기 위해 내향성-친화적인 열린 공간 기획을 했던 조 셰스트럼(Joe Sjostrom)의 사례도 다뤄볼 생각이다. 머크社의 제약연구조직의 부사장, 캐롤린 맥그레거(Caroline McGregor)는 내향성에 대해 제대로 배우게 되면서 큰 변화를 보여주었다. 이제는 자신이 발견한 내향적 인재들의 파워를 포용하고 인정하도록 주위 사람들을 설득하고 있기도 하다. 이 책에서 독자들은 창의적인 내향성-친화적인 일터에서 관찰할 수 있는 모범사례에 대해서도 배울 수 있을 것이다. 내향적인 사람들과 어떻게 하면 가장 잘 일할 수 있는지를 보여주는 '일터 지침서'를 구성원들 자신이 만들도록 하는 것도 바람직하다.

하지만, 내향적인 사람들에게 대해 부정적인 편견을 가진 일터들도 여전히 많다. 대부분의 조직들은 방에서 가장 큰 목소리를 내는 사람을 인정해주고, 회사에서의 근무시간이 긴 사람을 '일 잘한다'고 이야기하며, 채용과 승진과정에서 직무 적합성보다는 붙임성 있는 사람을 더 선호하는 케케묵은 오래된 문화에 젖어 있다. 그래서 어떤 결과가 생겼을까? 전체 조직구성원의 반을 차지하는 내향적 사람들은 적극적으로 일에 참여하지 않게 되었고, 자신의 조용한 기여의 가치를 알아주는 다른 회사로 이직하는 경우가 많아졌다.

보다 내향성-친화적인 조직이 되기 위해 취해야 할 7가지 전략

이 책에서, 우리는 보다 내향적인 구성원들을 포용할 수 있는 문화와 업무 체계를 만들어내기 위해 조직이 실행해야 할 핵심적인 전략을 7가지로 정리해보았다.

이 내용은 내향적 구성원들이 평소에 불평하는 것과 관련된 것이고, 조직에서 별 생각없이 내향적 구성원들의 역량발휘를 제한시키고 있는 행동과도 연결된 것들이다.

1. 내향적 핵심인재에게 관심 갖기

피상적인 첫인상과 성격에 대한 편견을 기반으로 외향적인 사람들을 더 선호하는 태도는 채용과 승진 결정을 하는 데 지나치게 큰 영향을 미칠 때가 많다.

2. 내향적 구성원을 리딩하기

리더들은 내향성에 대한 이야기를 공개적으로 꺼내야 한다. 그래서 평소에 조용한 모습을 보이는 팀 구성원에 대해 자신이 무의식적으로 편견을 가지고 있지는 않은지를 점검해볼 필요가 있다.

3. 내향적 구성원과 소통하기

내향적 구성원들이 편안하게 느낄 수 있는 환경을 조성해주면, 그들은 당신이 생각하는 것 이상으로 많은 이야기를 해줄 것이다.

4. 일터 환경을 설계하기

사무실을 구성하는 계획을 세울 때에는, 내향적 구성원들의 협업체계, 사교활동, 집중업무가 자연스럽게 진행될 수 있도록 고려해야 한다.

5. 효과적인 리모트 워크(remote work) 시스템 구축하기

리모트 워크 환경은 자율성을 보장해주고 방해요소를 줄여줘서, 내향적 구성원들이 최고의 효율성을 낼 수 있도록 도와줄 수 있다.

6. 생산적인 팀을 구성하기

다양한 특성의 사람들로 팀을 구성하는 것이 좋고, 목소리가 제일 큰

내향적 구성원에게 친화적인
일터 만들기

사람뿐 아니라, 모든 팀원들이 의사결정과정에 참여하도록 해야 한다.

7. 학습과 발전을 강화하기

성찰을 위한 휴식을 좋아하는 내향적인 사람들의 선호도에 맞출 수 있는 훈련 프로그램을 설계하게 되면, 모든 유형의 구성원들이 훨씬 더 효율적으로 일할 수 있게 될 것이다.

15년 이상 내향적인 사람들을 만나 그들의 성공경험을 들으면서, 나는 그 어느때보다 강하게 믿게 되었다. 내향적인 사람들에게 친화적인 일터를 구축해주게 되면, 그 결과 조직의 모든 구성원들이 보다 더 자신이 가지고 있는 재능을 발휘하여 훌륭한 성과를 만들어낼 수 있을 것이라고 말이다.

독자분들이 이 책에서 제시하는 솔루션과 아이디어를 참고로 해서, 현재 조직에서 어떤 직급을 맡고 있든지 간에, 긍정적인 변화의 씨앗을 뿌릴 수 있기를 기대한다.

누구든지 변화 촉진자가 될 수 있다

당신이 내향적이든, 외향적이든, 시니어 리더든, 커리어를 시작한 지 얼마 안된 신입이든 간에, 당신은 변화 촉진자로서의 역할을 맡을 수 있다. 이 책을 읽어보면, 내향적인 구성원들이 제대로 인정되지 못했던 사례들을 많이 보게될 것이고, 현재의 상황을 잘 알 수 있을 것이다. 또한, 내향적인 구성원들을 포용해서 좋은 결과를 낸 모범사례를 보면, 이상적인 벤치마킹이 가능할 거라 생각된다. 내향적인 사람들에게 친화적인 일터를 만들 수 있는 다섯가지 핵심 방법을 한번 정리해보았다. 이에 대해서는 결론에서 더 자세히 이야기해보도록 하겠다.

1. 내향적인 구성원을 위해 목소리를 내주자

미팅, 훈련 프로그램과 같이 다양한 상황에서 대화를 할 때, 내향적 구성원에 대한 인식과 포용 이슈를 제기하자.

2. 내향적 구성원들의 니즈 충족 정도에 대해 신경쓰자

7가지의 핵심 기능을 기준으로 하여 현재의 조직 체계를 세심하게 점검해보고, 내향적 구성원들의 니즈가 충족되고 있는지를 확인하자.

3. 창의적인 연구과정에 내향적인 구성원들을 참여시키자

보다 포용성이 강화될 수 있는 일터를 만들려면 어떻게 해야 할지에 대해 의견을 구하자.

4. 팀 구성원들이 내향성을 표출할 수 있도록 지지하자

각 팀 구성원들이 업무에 대한 선호도에 대해 이야기할 수 있는 자리를 자주 만들자.

5. 시니어 리더들을 대화에 참여시키자

그럼으로써 내향적 구성원들을 포용하는 것이 조직의 우선순위 전략이 될 수 있게 될 것이다.

나와 마찬가지로, 독자분들도 내향성이라는 특성이 가치를 인정받아 마땅하고 발전시킬 필요가 있다고 확신한다면, 새로운 변화를 시작할 수 있는 기폭제로서, 내향적 구성원들이 소속감을 느낄 수 있는 일터를 구축하는 과정에서 중요한 역할을 할 수 있게 될 것이다. 필요할 때마다 이 책을 꺼내서 효과적인 지침서로 활용하길 바란다.

1장

우리 조직은 내향성-친화적 일터일까?

    내향성-친화적 일터를 구축하고 싶다면, 가장 먼저 해야 할 일은 조직의 어느 부분에서 문제가 일어나고 있는지를 파악하는 것이다. 다음에 나오는 표 2에 제시한 평가척도를 한번 실시해보면, 자신의 조직에 존재하고 있는 내향성-친화적 관행들이 어떤 것이 있는지를 명확하게 알 수 있을 것이다. 그리고 나서 자신의 응답을 표 3과 비교해보면, 자신의 일터가 내향적인 사람들을 지지하고 있는 부분이 어디인지, 그리고 더 긍정적인 개선이 이루어질 수 있을만한 기회가 어디에 있는지를 더 구체적으로 이해할 수 있을 거라 생각된다.

    당신의 전체 조직에서 어떤 일이 일어나고 있는지에 대해 세부적으로 잘 모르고 있다 하더라도, 현재 떠오르는 생각을 기반으로 평가척도에 답을 해보면 된다. 어떤 것이 보이는가? 미팅, 일터 문화, 다양한 업무진행 프로세스에서 내향적인 사람들에게 어려운 도전과제로 느껴지는 것이 존재하고 있는가?

독자들은 이 책을 읽어가면서, 자신의 조직에서 변화 가능성이 있는 부분에 대해 적용해볼 수 있는 아이디어를 찾아보길 기대한다. 그리고 팀구성원 및 리더들과 논의를 할 때 오프닝 활동으로 이 평가척도를 활용해도 좋을 것 같다. 한 명의 구성원으로부터 변화가 시작되면 된다. 당신도 당연히 그 변화의 주체가 될 수 있다.

< 표 2 > 내향적 구성원에 대한 일터 친화성 평가 척도

응답은 4점(명확하게 동의함)부터 0점(전혀 동의하지 않음) 중에서 선택할 수 있습니다.
결과는 네가지 카테고리로 분류됩니다(표 3).

4 = 명확하게 동의함 / 3 = 동의함 / 2 = 동의하지 않음 /
1 = 꽤 많이 동의하지 않음 / 0 = 전혀 동의하지 않음

1.	채용시, 우리는 외향성 및 사교성과 같은 성격특성을 가지고 있고, 그와 관련된 역할을 할 수 있는 사람을 주로 뽑고 싶어한다	4	3	2	1	0
2.	우리 조직은 내향적인 사람들이 자신의 좋은 자원을 충분히 표현할 수 있는 시간과 공간을 제공해주는 포용적 인터뷰 프로세스를 가지고 있다	4	3	2	1	0
3.	우리 조직의 리더들은 팀에 소속된 내향적 구성원들을 인정하고 존중하는 태도를 보인다	4	3	2	1	0
4.	내향적 리더들은 자신의 경험을 자연스럽게 공유하고, 다른 구성원들도 자신의 내향적 강점을 찾을 수 있도록 조력한다	4	3	2	1	0
5.	우리 조직은 내향적 구성원들이 준비할 수 있는 시간을 제공한다	4	3	2	1	0
6.	우리 조직에서는 내향성이라는 것이 어떤 것인지, 그리고 내향적인 구성원들로부터 최고의 자원을 끌어내리려면 어떻게 해야 할지에 대해 논의하는 자리를 가진다	4	3	2	1	0
7.	우리 조직에는 구성원들이 일터 내부와 외부에서, 언제, 어떻게 소통을 해야 하는지에 대한 가이드라인을 가지고 있다	4	3	2	1	0

8.	우리 조직은 내향적 구성원들이 소속감을 느끼고, 자신의 의견에 사람들이 귀를 기울여주는 느낌을 가질 수 있는 구성원 포럼을 운영한다	4	3	2	1	0
9.	우리 조직은 다양한 구성원들의 선호도를 파악하고, 그에 따른 맞춤형 커뮤니케이션 방법을 활용하는 것에 대해 개방적인 태도를 가지고 있다	4	3	2	1	0
10.	우리 조직은 일터에서 자연스럽게 어울려서 이야기할 수 있는 공간들을 가지고 있다	4	3	2	1	0
11.	우리 조직은 혼자서 집중 업무를 할 수 있는 조용한 공간들을 마련해놓고 있다	4	3	2	1	0
12.	우리 조직은 구성원의 자원을 자연스럽게 드러나게 해주고, 갈등이 발생할 때 효과적으로 조정해줄 수 있는, 구성원을 중요시 여기며 구성원의 요구에 민감하게 반응하는 환경을 가지고 있다	4	3	2	1	0
13.	우리 조직은 물리적으로 떨어져 있는 지역에서 근무하는 구성원들과 어떻게 소통할지를 정리해놓은 명확한 가이드라인을 가지고 있다	4	3	2	1	0
14.	우리 조직에서는 리모트 워크(remote work)를 하는 구성원들과 대면 소통도 하고, 비디오 컨퍼런스도 진행한다	4	3	2	1	0
15.	우리 조직에서는 내향적인 구성원들이 미팅에 참여할 수 있도록 적극적으로 노력한다	4	3	2	1	0
16.	우리 조직에서는 미팅을 하기 전에 중요한 부분을 고려해볼 수 있도록, 아젠다와 질문목록을 제공해준다	4	3	2	1	0
17.	우리 조직에서는 팀 구성원들이 자신의 담당 업무에 대한 내용을 공유하고, 동료들과 협력할 수 있도록 지원한다	4	3	2	1	0
18.	우리 조직에서는 팀 구성원들이 내향적 성향을 가진 동료들과 자연스럽게 어울리면서 편안한 관계를 맺을 수 있는 자리를 마련한다	4	3	2	1	0
19.	우리 조직에서는 내향적 구성원들이 선호하는 학습 방법을 고려하고, 전사적인 학습·성장 접근법을 기획하는 데 있어서 그들의 선호도를 참고한다	4	3	2	1	0
20.	우리 조직에서는 내향적 구성원들이 자신의 페이스로 학습할 수 있도록 다양한 형태의 온라인 교육 프로그램과 디지털 데이터베이스들을 제공한다	4	3	2	1	0

< 표 3 > 내향적 구성원에 대한 일터 친화성 평가 척도 / 점수 계산법

표 2의 점수를 종합한 후, 아래의 자료들과 비교해보십시오.		
49점 이하	개선해야 할 부분이 많음	당신의 일터는 내향적 구성원들의 니즈를 제대로 충족시켜주지 못하고 있는 점이 있습니다. 하지만, 내향성-친화적 일터를 구축할 수 있는 기회는 아직 많이 있습니다. 이 책의 내용을 읽어보고, 가장 많은 니즈가 존재하는 조직 분야를 찾아봅시다. 가장 마지막 장에 실려 있는, 다섯가지의 고려사항들 중에서 한가지를 선택하고, 거기서부터 변화를 시작해보기를 권합니다.
50점-59점	강점과 약점이 모두 존재함	당신의 조직에는 내향적 구성원들을 위한 배려정책이 어느 정도 존재하긴 하지만, 보다 효과적인 내향성-친화적 환경을 만들기 위해 해야 할 일이 더 있습니다. 조직에 있는 내향적 구성원들을 대상으로 간단한 서베이를 실시해서 아이디어를 모아보기를 제안합니다. 현재 조직의 정책들 중에서, 내향적 구성원들에게 효과적인 것은 무엇이고, 오히려 불편감을 주는 것은 어떤 것인지에 대해 논의해봅시다. 그리고, 구성원들이 의미있다고 판단하는 새로운 정책을 실시해보기를 권하고 싶습니다.
60점-69점	건강한 문화로 발전중임	당신의 조직은 모든 구성원들이 자신의 재능을 발휘하고 좋은 성과를 낼 수 있도록 지원하는 문화를 향해 나아가고 있습니다. 이 책의 2장부터 8장까지의 내용을 세심하게 읽어보면서, "현재 가장 개선이 필요한 부분"이 어디인지를 찾아보길 바랍니다. 그리고 책에 실려 있는 사례들을 참고해보면서, 새로운 전략을 만들어보면 좋을 거라 생각됩니다.
70점-80점	튼튼한 기반을 가지고 있음	당신의 조직은 내향적 구성원들을 포용하고, 그들에게 소속감을 만들어주는 안전한 공간입니다. 통계자료를 활용해서, 현재의 프로그램과 시스템, 정책들이 구성원들의 재능을 최대한 활용해서 어떻게 좋은 성과를 만들어내는지를 보여주기를 제안합니다. 조직의 동료 부서나 같은 산업분야의 다른 조직들과도 모범사례를 공유해서, 당신이 학습한 것을 통해 다른 사람들도 도움을 받을 수 있게 해준다면 더욱 좋을 것입니다.

2장

내향적 구성원의 멋진 재능을 끌어내기

대부분의 조직들은, 자신의 회사에서 내향적 구성원들이 일하고 있다는 사실 자체를 인식하지 못하는 경우가 많다. 구성원들이 가지고 있는 특성을 인정해주는 것이 아니라, 오히려 좀더 외향적인 행동을 하라는 변화를 요구하기까지 한다. 경영진에게 이 문제를 이야기하고 해결책을 찾는 과정을 어디서부터 시작해야 할지 도대체 모르겠다.

– 2019년 일터 서베이 응답자

외향성이 더 긍정적이라는 편견이 팽배한 가운데 조직의 바퀴들이 균형 잡힌 기름칠을 받지 못해 삐걱삐걱 소리를 내고 있는 우리의 사회에서, 사실 전체 구성원들 중 거의 절반이 내향성을 가지고 있다는 사실을 당신은 알고 있었는가?[6] 그 말은, 전세계 노동력의 50% 정도는 자신의 일에 적극적으로 참여하지 못하고 있고, 자신의 잠재력을 제대로 발휘할 수 없는 방법으로 육성되고 있다는 의미이다. 어떤 내향적 구성원들은 훌륭한 자원을 가지고 있음에도 불구하고, 아예 채용과정을 통과하지 못하기도 한다. 내향적인 지원자가 1차 인터뷰에서 자신의 특성과 달리 매우 활달하고 열정적인 모습을 보여주지 않는 이상, 2차 인터뷰의 기회를 잡을 수 있는 가능성은 매우 낮은 것이 오늘날의 현실인 것이다. 채용이 된 이후에도, 자신의 성과에 대해 자신감 있는 태도로 어필하지 못한다면, 그 사람이 정말 잘 해낼 수 있는 새로운 과제가 생겼을 때에도, 그 기회를 받지 못할 가능성이 높다. 이와 같이 구성원의 재능을 제대로 활용하지 못할 때 우리 조직에 생기는 손해는 점점 커지게 될 것이다.

하지만, 좋은 소식도 있다. 베스트셀러 『콰이어트(Quiet)』의 저자인 수잔 케인(Susan Cain)을 비롯해서, 소피아 뎀블링(Sophia Dembling), 베스 뷔로우(Beth Buelow), 모라 애런스밀리(Morra Aarons-Mele), 발 넬슨(Val Nelson), 매튜 폴라드(Matthew Pollard)와 나는 내향적인 사람으로서 살 때 좋은 점, 그리고 내향적인 사람들이 세상에 가져다줄 수 있는 선물들에 대해 초점을 맞추기 위해 열심히 일해오고 있다.

내가 2019년에 실시했던 일터 서베이 결과를 보면, 응답자 중 38%가, 자신의 조직에서 내향적인 성향을 가진 사람들을 채용하고 승진시키려는 의지를 보여주고 있다는 희망적인 이야기를 해주었다.

물론 이와 같은 희망적인 수치를 상승시키기 위해서는 아직도 해야 할 일이 많다.

다양한 특성을 가진 구성원들을 채용하는 것은 가장 처음 할 수 있는 일밖에 안 된다. 조직은 거기에서 더 나아가 여러가지 기질을 가진 사람들이 인정받고, 소속감을 경험할 수 있는 일터 환경을 구축하기 위한 노력을 해야 한다. 내향적 구성원들이 성공경험을 통해 성장기회를 얻을 수 있는 다양한 방법들을 자연스럽게 가지게 될 때, 그 사람들이 조직에서 계속 근무하면서 최적의 성과를 거둘 가능성은 더욱 높아질 것이다.

내향성-친화적 재능개발 전략

수잔 슈미트(Susan Schmitt)는 어플라이드 머티리얼즈(Applied Materials)社 그룹의 부사장이자 HR 부문의 책임자이다. 수잔은 락웰 오토메이션(Rockwell Automation)에서도 인사 담당 시니어 부사장으로 오랫동안 근무했다. 락웰에 가기 전에도 여러가지 경험을 쌓았기 때문에, 단순히 업무역량과 재능만을 중시하는 것에 더하여, 다양성과 포용성을 중요시하는 것이 얼마나 중요한지를 이해하고 있었다.

"제 경험을 돌아보면, 많은 남성 관리자들은 자신이 다양성과 포용성 전략을 시행해야 하는 주체라는 사실을 잘 이해하지 못하는 것 같더라구요." 수잔은 이야기했다. 다양성과 포용성에 대한 일은 핵심인재를 채용하고 유지하는 핵심적 전략활동을 하느라 시간이 없어서 할 수가 없는 '부차적인 업무' 정도로 생각한다는 것이다.

모든 관리자는 팀구성원들로부터 최적의 성과를 기대하고 있기 때문에, 수잔은 '다양성, 포용성, 업무성과라는 요소들이 실제로 연결이 되어야만 기대하는 바를 얻을 수 있다'는 사실을 알려줘야만, 관리자들이 귀를 열기 시작할 거라는 것을 이미 파악하고 있었다.

좋은 커리어를 개척해나가고, 성장을 위한 우선순위를 찾아내는 방법을 구성원들이 잘 이해할 수 있도록 하기 위해, 수잔과 락웰 오토메이션의 팀은 적합성 모델(Suitability Model: 글로벌 회사의 자료를 기반으로 한 엘리어트 자크(Elliot Jaque) 박사의 연구 기반)을 통해, 역할수행에 필요한 역량을 평가하기 위한 방법을 개발하였다. 이 모델은 기존에 사용하던 전통적인 역량 모델보다 훨씬 더 효과적이었다. 전통적인 모델은 구성원들과 관리자들을 혼란스럽게 해서, 새로운 역할과 기회를 주기 위해 사람들을 평가할 때 진짜 중요한 것이 어떤 것인지를 정확히 모르게 만들곤 했었다.

락웰 오토메이션 적합성 모델은 4가지의 요소에 초점을 맞추었다.7

1. 스킬, 지식, 현장경험, 교육경력

2. 복잡성을 다룰 수 있는 능력

3. 기질

4. 역할수행에서 요구되는 것에 대한 수용

이 중에서 세번째 요소인 '기질'은 모델에서 가장 핵심적인 부분이다. 인재관리에 대한 결정을 할 때에는, 해당 인재의 강점을 보는 것이 아니다. 그 사람의 기질이 특정한 역할을 수행하는 데 있어서 방해요인이 될 것인지, 긍정적인 강화요인이 될 것인지를 판단하는 것이다.

"기질에 있어서 가장 중요한 것은 이것이다. 이 사람의 속성, 행동 중에서 현재의 특정 역할이나 미래의 역할 수행에 방해가 될 것이 있을까를 보는 것." 수잔은 이렇게 설명해주었다. 예를 들어, 엔지니어 팀의 관리자 역할을 하는 데 있어서 이 사람의 공격성은 어떤 영향을 미칠 것인가를 판단하는 것이다.

혼자 일할 때 최적의 성과를 낼 수 있는 사람인가, 아니면 팀구성원들을 단합시켜서 팀을 이끌 수 있는 사람인가? 본질적으로, 이 사람의 기질은 특정 역할을 수행할 때 도움요소로 작용할까, 아니면 반대로 방해요소로 기능할 것인가?

수잔은 인터뷰 과정 내내 낮은 에너지 수준을 보였던 신입직원의 사례를 이야기해주었다. "그 지원자는 반응하는 속도가 좀 느린 편이었고, 신중하게 생각을 한 후 대답하는 편이었어요. 그러다보니 몇몇 면접위원들은 우리가 원하는 역할에 맞지 않는다고 생각하게 되었지요. 하지만, 그 사람의 스킬, 지식, 현장경험, 교육경력은 정말 훌륭했어요. 그리고 복잡한 상황과 개념을 정리하는 능력도 매우 뛰어났지요." 결국 팀은 그 지원자를 채용했다.

"그 직원의 사례는 전설적인 성공 스토리가 되었어요. 결국은 부사장까지 승진했거든요. 첫 면접에서 에너지 수준이 낮아보이는 성격 때문에 탈락이 되었을 경우, 우리 조직이 어떤 것을 잃어버렸을지 생각해보세요."라고 수잔은 말했다.

> 모든 사람들은 각각 독특한 성격을 가지고 있으며,
> 당신이 요구하는 일을 훌륭히 해낼 수 있는 능력을 가지고 있다.[8]
> – 前 넷플릭스 최고 인사 책임자 패티 맥코드(Patty McCord)

내향적인 성격을 가진 사람들이 당신의 조직에서 포용되고 인정받고 있는지를 확인하려면, 전사적인 인재 관리 전략에서, 내향성이 다양성 전략의 핵심요소로 포함되어 있는지를 파악해보면 된다. "자연스럽게 맥주 한잔 하고 싶어지는 사람"이 아닌 것 같은 내향적인 지원자를, 면접위원이 그 이유 때문에 탈락시키지 않을 것이라는 의미이다. 조직의 모든 역할을 하는 데 있어서, 퇴근 후 사교활동에 능숙한 사람이 필요한 것은 아니지 않은가?

그리고, 조직내에 있는 모든 구성원들이 채용과 승진 과정에 내향적인 사람을 포용시킬 수 있는 방법을 알고 있다면, 내향성-친화적 회사문화를 정말 튼튼하게 구축할 수 있게 될 것이다. 前 넷플릭스 최고 인사 책임자 패티 맥코드는 자신의 책『진정한 파워: 자유와 책임감의 문화를 구축하기(Powerful: Building a Culture of Freedom and Responsibility)(국내 미출간)』에서, 아주 조용한 성격을 가지고 있는 앤서니(Anthony)라는 프로그래머를 채용한 이야기를 해주었다. 처음에 패티는 토론을 중시하는 조직의 문화에 앤서니가 적응할 수 있을지에 대해 걱정을 했다고 한다. 앤서니는 스스로 나서서 이야기하는 경우가 거의 없는 사람으로 보였기 때문이다. 자신있게 입을 열어서 이야기를 하기까지는 대부분 어느 정도의 시간이 걸리는 편이었지만, 일단 말을 하기 시작하면, 해당 주제에 정말 큰 도움이 되는 근사한 아이디어를 내놓곤 했다. 결국 앤서니는 수잔의 뒤를 이어, 부사장까지 승진했다.

패티는 자신이 쓴 책에서 "조직은 다양한 사람들의 스타일에 맞춰 적응할 수 있어야 한다. 문화 적합성 강화는 조직쪽에서도 노력해야 하는 일이다"라고 이야기했는데, 나도 완전히 동의한다. 내향적인 사람들이 핵심적인 리더역할을 계속해서 맡게 된다면, 점점 더 많은 사

내향적 구성원에게 친화적인
일터 만들기

람들은 기존의 리더십 방법만이 가장 효과적인 것이 아니라는 사실을 알게 될 것이다. 내향적인 사람들을 많이 고용하고, 다양한 성격유형의 구성원들을 조직에서 포용하게 되면, 언젠가는 다수의 내향적인 구성원들이 인정받고 존중받으며, 세심하게 잘 다듬어진 성과에 대해 좋은 평가를 하는 일터가 만들어지게 될 것이다.

내향적인 사람들의 멋진 재능을 끌어내기

> 내가 스스로 손을 들고 자원하는 것만 기대하시기 보다는, 내가 어떤 팀/프로젝트/소통과정에 참여하고 싶은지에 대해 물어봐주시면 좋겠습니다.
>
> – 2019년 일터 서베이 응답자

조직 구성원의 다양성을 넓히고, 내향적인 사람들을 고용과정에 적극적으로 포용하기 위한 실용적 행동전략을 몇가지 소개한다.

실제로 이 조직에서 일하게 되면 어떨지에 대해 보여주자

지원자들에게 당신의 조직은 어떤 곳으로 생각되고 있을까? 밀레니얼 세대와 Z세대 전문가인 라이언 젠킨스(Ryan Jenkins)는 이렇게 주장한다. 조직에서는 일터 환경 및 특성을 소개하는 유튜브 채널을 운영하면서, 이 회사에서 일하면서 사는 삶이 어떤지에 대해 간접 경험을 할 수 있도록 해줘야 한다고 말이다.9 자료를 찾아보며 시간을 들여 깊이 생각해보는 것을 좋아하는 내향적인 사람들은 당신의 조직이 운영하고 있는 소셜 미디어 채널을 보면서, 당신의 조직이 추구하는 가치와 자신의 가치가 연관성이 있는지를 파악해보려고 할 것이다. 이러한 상황에서, 별다른 정보를 얻을 수 없게 되면, 부정적인 인상만 남게 된다. 지원자들에게 매력적으로 느껴질 수 있는 정보가 존재하지 않는다는 사실은, 젊은 인재를 채용하고 싶은 고용주에게 아무런 도움도 되지 않는다. 온라인에서 충분한 정보를 얻지 못하는 경우, 지원자들은 당신의 회사에 대한 고려를 하지 않을 것이기 때문에, 당신은 핵심인재 지원자들을 전혀 만나지 못하게 될 가능성도 있다고 라이언은 믿고 있다.

내향성-친화적 채용 프로세스를 구축하자

채용 과정에 대한 몇가지 팁을 정리해보았다. 이 전략들을 통해, 조직에서는 좀더 효과적으로 인터뷰를 준비할 수 있을 것이고, 내향적인 지원자들이 좀더 편안하게 자신의 자원을 잘 보여줄 수 있는 환경을 조성하는 데에 도움이 될 것이다.

1. 면접공간을 잘 준비하자

지나치게 눈부신 조명과 시끄러운 소음이 있는 곳은 좋지 않다. 당신과 지원자가 테이블을 사이에 놓고 마주보게 되면, 라포를 형성하기가 힘들다. 또, 지나치게 가까이 앉게 되면 개인적인 공간을 중요시하는 내향적인 지원자가 불편감을 느끼기 쉽다. 적절한 정도의 친밀감을 형성할 수 있도록 대각선 방향으로 앉아볼 것을 제안한다. 면접관이 여러 명이라면, 지원자를 테이블의 어느쪽 끝에 앉히는 것이 아니라, 중앙 부분에 자리를 잡게 하는 것이 좋다. 그러면 지원자는 일방적으로 취조당하는 느낌도 받지 않을 것이고, 모든 면접관들과 자연스럽게 아이컨택을 할 수 있을 것이다.

2. 면접시간을 잘 조절하자

여러 명의 인터뷰 시간을 너무 타이트하게 잡아놓게 되었을 때에는, 면접관이 압박감을 받게 되고 불안해져서, 지원자가 말을 빨리 하지 않게 되면 답답함을 느끼게 된다.

내향적 지원자는 질문에 대한 대답을 하기 전에 좀 뜸을 들일 가능성이 있고, 주도적으로 나서서 이야기를 하지 않을 수도 있다. 면접관은 인터뷰를 하는 동안 지원자에게 집중하고, 메모는 하지 않는 것이 바람직하다. 인터뷰 전과 후에 잠깐 시간을 내어 메모를 하고, 받았던 인상에 대해 생각해보고, 물어볼 질문을 적어놓는 것이 좋다.

3. 에너지 레벨을 유지할 수 있도록 도와주자

어떤 채용 담당 관리자가 이런 이야기를 해주었다. "내향적인 지원자들은 면접 마지막 부분에 전혀 다른 모습을 보여줍니다. 중간에 휴식시간이 없거나, 하루종일 빡빡하게 인터뷰가 계획되어 있으면 더욱 힘들어하죠." 지원자들이 힘든 인터뷰 일정 때문에 압도당하는 것을 막으려면, 하루에 적절한 수의 지원자들만 인터뷰할 수 있도록 기획하는 것이 좋다. 해당 역할에 꼭 맞지 않을 것 같은 사람들까지 너무 많이 면접을 하는 것은 바람직하지 않다. 하루에 모든 인터뷰를 잡기보다는, 이틀에 나누어 여유있게 일정을 잡는 것이 좋을 것이다.

4. 면접관 자신이 가지고 있는 편견을 점검하자

당신이 외향적인 사람이라면, 내향적인 사람에 대해 가지고 있는 편견을 지원자에게 투사하지 않도록 유의하고, '지원자가 좀더 빨리 이야기했으면', '좀더 감정표현을 했으면' 하는 기대는 하지 말자. 당신이 내향적인 사람이라면 내향적 지원자가 천천히 이야기하는 모습, 중간중간의 침묵들, 자신을 내세우지 않는 태도에 대해 익숙할 것이다. 이때 유의해야 할 것은 확증편향(confirmation bias)이다. 중요한 의미를 가지고 있는 다른 반응들을 크게 신경쓰지 않고, 면접관 자신의 경험과 시각에 맞는 대답에만 관심을 보이는 태도 말이다. 자신의 스타일과 비슷한 지원자에게 지나치게 긍정적인 편안함을 느끼는 것이 아닌지 반성해보고, 모든 지원자들에게 개방적인 마음을 가져서 다양한 직원들을 채용할 수 있는 가능성을 높이도록 하자.

5. 필요한 경우, 지원자의 이야기를 요약해주자

당신이 들은 이야기를 요약해서 이야기해주면, 지원자는 자신의 말을 수정하거나 확인할 수 있는 기회를 얻게 된다. 그런 과정에서 내향적 지원자는 잠시 숨을 쉴 수 있는 시간을 갖게 되고, 자신이 이야기한 바에 대해 돌아볼 수 있는 기회로 활용할 수 있을 것이다.

내향적인 지원자뿐 아니라, 외향적인 지원자도 면접관이 자신의 이야기를 요약해서 들려주면, 자신의 사고를 보다 명료하게 하고, 대답

을 정교화할 수 있는 기회를 얻게 되는 것에 대해 긍정적인 반응을 보일 거라 생각된다.[10]

새로운 AI 채용 도구를 활용하기 (신중할 것!)

채용 전략 중에서 좀더 신경써볼 것이 한가지 있다. 채용과 승진에서 더욱 다양성을 강화할 수 있는 인공 지능 판단 솔루션 말이다.[11, 12] 보다 정교화된 솔루션들 중에서 몇가지는 질적 평가도구를 사용해서 집중 시간, 디테일한 것에 신경쓰는 모습, 적응성, 성실성을 평가할 수 있다고 주장하고 있다.

인터뷰는 이제 AI를 활용하기 시작하고 있는 분야이다. 온라인 인터뷰는 지원자의 언어적, 비언어적 신호를 기록할 수 있고, 해당 역할에서 필요한 기준에 맞춰 분석해볼 수 있게 해준다. 유니레버(Unilever)와 같은 조직들은 채용과정에서 모든 지원자에 대해 AI를 활용함으로써, 지원자 풀을 넓히고, 지원자들이 가진 특성의 다양성을 높이는 등 긍정적인 결과를 만들어내고 있다.[13] 하지만, 이 방법을 쓸 때에는 내향적인 사람들에게 불리한 점이 매우 많기 때문에, 신중하게 고려해봐야 한다.

AI를 통해 조직에서 더 많은 지원자 풀을 확보할 수 있고, 기존의 스크리닝 프로세스를 통해서는 찾아낼 수 없는 내향적인 지원자들을 포용할 수 있다면 정말 좋을 것이다. 하지만, 많은 전문가들은 모든 도구를 AI화하는 것보다는 조금 더 천천히, 신중하게 접근하는 것이 좋을 거라고 이야기한다. 공정성을 높이고 편견의 정도를 줄이기 위해서는 아직 해야 할 일이 많다는 것이다. 예를 들어, 젠더 다양성을 생각해보면, 대부분의 AI 알고리즘은 남성이 설계했기 때문에, 여성 지원자들에 대해 숨겨진 편견이 있는 경우가 많다.[14] 즉, AI 스크리닝 도구도 마찬가지로 내향적인 지원자나 다른 독특한 집단에 대해 의도치 않은 편견을 가지도록 만들어졌을 수도 있는 것이다.

아프리카계 미국인 컴퓨터 과학자 조이 부올람위니(Joy Bulamwini)는 멜린다 게이츠(Melinda Gates)의 책 『누구도 멈출 수 없다(*The Moment of Lift*)(부키, 2020)』[15] 를 인용하면서, 이런 말을 했다. "알고리즘에 숨겨져 있는 편견은 매우 큰 영향을 미칠 수도 있습니다."

부올람위니는 조지아 공과대학교(Georgia Tech)의 한 연구실에서 개발해서 홍콩에서 사용하고 있는 얼굴 인식 소프트웨어에 인종적 편견이 숨겨져 있는 것을 발견했다. 알고리즘을 개발할 때, 다양한 배경과 분야에서 온 모든 사람들을 포함시킬 수 있도록 해야, 진정한 포용적 알고리즘이라고 할 수 있을 것이다.

결론

우리가 지금 살고 있는 세상은, 외향적 사람들을 더 선호하고, 주도적으로 나서서 이야기하는 태도를 더 긍정적으로 생각한다. 그러다보니, 의사결정권자들은 내향적인 사람의 경우, 조직에 들어와서 '편안하게 맥주 한잔 같이 하고 싶은' 직원이 될 수 없다고 확신해버리게 된다. 어찌어찌 채용이 된다 하더라도, 사람들이 익숙하게 생각하는(예: 외향적) 리더십 특성을 나타내지 않는다는 이유로, 승진 대상에서 밀려

날 가능성이 많다. 그러다보면 결국 조직과 다양한 기질을 가진 구성원들 모두 패자가 되는(lose-lose) 상황이 되는 것이다. 하지만, 아직 그 누구도 앞에 나서서 이런 이야기를 하지 않고 있다. 다양성 부족의 문제가 표면 위로 나타나서 인재 관리 전략을 구축할 때 고려대상이 되게 되면, 구성원의 반을 차지하는 내향적인 사람들이 눈에 띄기 시작할 거고 인정받기 시작할 것이며 그 독특한 재능이 활용될 가능성이 높아질 것이다. 그러기 위해서는 우선 우리가 기질에 대해 가지고 있는 편견을 점검해보고, 하나의 성격유형을 가진 사람들만 모여 있는 것보다 다양한 기질의 사람들이 같이 일하는 것이 더 생산적이라는 사실을 인식하는 것부터 시작해야 한다.

물론, 해당 역할에 꼭 맞는 사람을 채용한 후, 그 다음에 해결해야 하는 도전과제는 내향적인 구성원들이 성장하고 싶은 마음을 가지고, 최선을 다하고 싶은 일터를 구축하는 것이 될 것이다. 내향적 핵심인재 관리 및 유지 전략을 위해서는, 그들을 지원하는 방법에 대해 앞으로 이 책에서 다룰 내용들을 참고해보길 권한다. 리드하는 방법, 커뮤니케이션하는 방법, 일터 설계 방법, 업무 옵션 정하는 방법, 팀의 문화 조성 방법, 역량강화 훈련 방법.

핵심요약 내향적인 핵심인재를 영입하기 위해서는, 채용과 승진과정에 있어서 구성원의 성격에 대해 세심하게 고려하도록 하자.

내향적 핵심인재 영입시 5가지 유의점

1. 조직의 인재관리전략의 다양성을 보장하는 데 있어서 '기질'이 라는 요소를 반드시 포함시키자.

2. 채용과정에서는, 기존의 외향성을 선호하는 관행을 넘어서서, 해당 역할과 성격이 어느 정도 매칭되는지를 가장 우선적으로 고려하도록 하자.

3. 온라인 공간에서 조직을 홍보할 때에는 내향적인 지원자를 포 용할 수 있는 문화를 강조하도록 하자. 그렇지 않으면, 내향적 인 지원자들은 당신의 조직에 대한 정보를 아예 얻지 못하게 될 것이다.

4. 보다 다양한 지원자들로 후보 풀을 채우기 위해, AI 스크리닝과 인터뷰 도구를 사용하는 것은 고려해볼 가치가 있지만, 중요한 것은 반드시 신중해야 한다는 사실이다.

5. 포용적인 태도를 기반으로 인터뷰 과정을 진행해서, 내향적인 지원자들이 가지고 있는 최적의 자원을 보여줄 수 있는 시간과 공간을 제공해주도록 하자.

내향적 구성원에게 친화적인
일터 만들기

3장

내향적인 구성원들을 리딩하기

제가 바라는 거는요… 우리 조직의 임원이 조금만 시간을 내서 저와 이야기를 좀 해주었으면 좋겠다는 거에요. 그 임원과 누가 대화를 주로 하나 보면 여기에서 가장 목소리 큰 사람들이에요. 저는 그런 성격이 아니잖아요. 제가 평소에 좀 조용한 편이고, 이 조직의 사람들과 일을 하는 방식이 좀 다르다는 이유만으로 약간 따돌림 당하고 있다는 느낌이 들어요.

– 2019년 일터 서베이 응답자

내향적 리더십에 대한 프로그램을 준비하는 과정에서, 나는 포춘이 선정한 100대 제약회사에서 근무하는 연구원을 인터뷰하고 있었는데, 문득 새로운 "단어"가 귀에 들어왔다.

"지금 라우더십(loudership. 목소리를 크고 강하게 내서 사람들을 리딩하기—역주)"이라고 하셨어요?" 나는 그 시니어 관리자에게 물어보았다.

"맞아요." 그 관리자는 계속해서 이야기해주었다. "라우더십"은 강한 리더를 의미하는 단어로서, 그 회사에 다니는 사람이라면 누구든지 알고 있는 용어라는 것이었다. 상대방의 기를 누르기 위해서는, 우선

크게 이야기해야 하고, 어떤 경우에서든지 나서서 행동하고, 항상 눈에 띄어야 한다고 관리자는 말했다.

예전에 내가 마주했던 도전과제가 문득 생각나서 나도 모르게 심호흡을 하게 되었다. 조직문화상 전형적이지 않은 리더십유형을 공공연하게 부정적으로 평가하고, 그런 유형의 사람들을 주로 승진대상에서 제외하는 분위기였는데, 조직에서 기대하는 것만큼 큰 목소리를 내지 않는 내향적 핵심인재 관리자가 존재하는 상황이었다. 그럴 때 조직의 의사결정권자들에게 조용한 힘을 가진 리더의 가치에 대해 효과적으로 알리려면 나는 어떻게 커뮤니케이션해야 했을까?

다행히도 그때 계획했던 교육 프로그램의 효과는 매우 긍정적이었다. 나는 내향적인 리더 및 핵심인재들을 만나서 이야기를 하면서, 그들이 조직문화의 변화에 대해 원하는 바를 들을 수 있었다.

내향적인 관리자들은 그 자리를 통해 나에게 조용함과 차분함이 가져다줄 수 있는 혜택에 대해 인식하게 해주었다. 그들은 내향성에 대한 솔직한 대화를 나눠보고 싶어했고, 지금과 같은 경쟁적 환경에서 내향성이 어떤 긍정적 역할을 할 수 있는지에 대해 내가 인식할 수 있도록 도와주었다.

3장에서 우리는 조직의 리더들이 포용적인 태도를 가지기 위해서 어떤 행동을 해야 하는지에 대해 심층적으로 살펴볼 계획이며, 내향적인 구성원으로부터 최고의 자원을 끌어낼 수 있는 방법에 대해서도 정리해볼 생각이다. 우선은 내향성에 대해 이야기를 해보도록 하자.

내향적 구성원에게 친화적인
일터 만들기

내향성에 대한 대화 시작하기

대부분의 내향적 사람들은 일생동안 내향성에 대해 부정적인 시각과 의견들을 들어왔을 가능성이 크다. 종종, 그들은 "수줍음이 많은 사람"이라는 이름표가 붙여졌을 거고, 아마 어릴 때부터 그런 일은 시작되었을 것이다. 최근에 나는 손녀의 유치원 수업에 갔었는데, 유치원 선생님이 한 남자아이의 아버지에게 이런 이야기를 하는 것을 듣게 되었다(그 남자아이는 선생님의 말씀을 잘 듣는 모습을 보이지만, 집단활동을 할 때 그다지 적극적으로 참여하지는 않는 편이었다). "(아드님의 소극적인 태도는) 앞으로 학교에 가게 되면 문제가 될 수 있어요." 그 교사의 조언은 내향적인 아동들이 (조금 더 작은 규모의 집단에서는) 얼마나 활발하게 활동하는지에 대해 잘 알지 못하기 때문에 한 말이었겠지만, 아동과 부모 모두에게 오랫동안 기억에 남게 될 부정적인 메시지를 전달했을 가능성도 있는 것이었다.

모라 애런스밀리(Morra Aarons-Mele)는 자기자신의 소극적 경향을 인식하지 못했을 때에는 마찬가지로 내향성에 대해 부정적인 생각을 했었다고 한다. 모라는 성공을 거둔 사업가로서, 사회적 마케팅 회사 '우먼 온라인(Women Online)'의 창립자이며, 『나는 혼자일 때 더 잘한다: 집 밖으로 한걸음도 나가지 않고도 일 잘하는 사람들의 비밀 — 자기만의 방이 필요한 내향인의 섬세한 성공전략(Hiding in the Bathroom: An Introvert's Roadmap to Getting Out There (When You'd Rather Stay Home)(RHK, 2019))』의 저자이다.[16]

"저는 '반드시 외향적인 사람이 되어야 해'라고 생각했었어요. 진심으로 성공하고 싶었거든요. 거물이 되고 싶었어요. 그런데, 얼마 지나지 않아, 나는 정말 강성의 내향적인 사람인 것을 알게 되었죠.

그러니까 저는 정말 조용하게 살고 싶어하는 사람이더라구요. 하루에 적어도 2시간은 혼자 있을 수 있게 시간을 짜야 했어요. 저는 저 자신을 '은둔형 사업가(hermit entrepreneur)'라고 부르기 시작했죠."

리더들은 당장 손에 들고 있는, 곧바로 해결해야 하는 일에 초점을 맞추는 경우가 너무 많다. 그러다보니 과제, 프로젝트 진행과정, 마감일, 역할, 책임범위에 대해 이야기하는 때는 자주 있지만, 결국 그 일 자체를 실행해서 마무리하는 과정에서 핵심이 되는 팀의 구성원들과, 그 사람들의 성격에 대해서는 거의 언급하지 않는 편이다. 내향성의 강점에 대한 이야기를 시작하는 것도 당신이 리더로서(당신의 성향이 내향적이든, 외향적이든, 양향적이든간에 상관없이), 내향적인 팀 구성원들에게 편안함을 제공하고, 조용한 강점을 포용해주는 모습을 보이는 데에 있어서 중요한 방법들 중 하나이다.

대화를 구성하는 방법에 대해서 몇가지 팁을 소개한다.

1. 모든 구성원들이 스트렝스파인더(StrengthsFinder)나 MBTI(Myers-Briggs Type Indicator)와 같은 자기평가 도구를 실시해볼 수 있는 팀 빌딩 세션을 운영한다. 사람들이 자신의 선호도에 대해 서로 이야기를 나눠보도록 한 다음에는, 일을 하는 데 있어서 어떤 성격의 구성원들로부터 그들의 시각이나 스타일에 대해 좀더 설명을 듣고 싶은지에 대해 질문을 해도 좋다. 그리고, '두가지의 진실과 한가지의

내향적 구성원에게 친화적인
일터 만들기

거짓말'과 같은 아이스브레이킹 활동을 진행하면서, 모든 구성원들이 자신의 답을 쓰고, 누가 거짓말을 하고 있는지에 대해 알아맞춰보는 게임을 할 수도 있겠다. 이 시간을 통해, 사람들에게 자기노출에 대한 모델링을 해줄 수 있는 기회로 활용해보자. 그리고 팀구성원들이 스스로에 대한 정보(선호하는 소통방법, 자신의 강점, 전문분야 등)를 공유할 수 있도록 지원해주자. HR 부서나 조직문화개발팀, 다양성 강화 부서의 인력에게 도움을 청해서, 팀빌딩 세션의 운영을 부탁해보는 것도 좋겠다.

2. 내향적인 리더십에 대한 단계적인 교육 세션과 토론 계획을 세워서, 내향적인 구성원들이 조직의 리딩을 위해 자신의 강점을 어떻게 활용해야 할지에 대해 보여주도록 하자. 그리고 내향적인 사람들과 외향적인 사람들이 어떻게 함께 최고의 시너지를 만들어낼 수 있는지에 대해 이야기해주자(이를 나는 "서로 반대의 성향이 함께 만들어내는 천재성(genius opposites)"[17]이라고 부른다). 책의 후반부에 실려 있는 "독서 토론 활동"에 대한 가이드 A를 보면 토론 세션을 어떻게 운영할지에 대한 방법과, 사용가능한 질문 샘플들이 실려있다.

3. 팀구성원과 1대1로 대화를 하면서, 당신 자신이 선호하는 커뮤니케이션 스타일을 보여주고, 이렇게 이야기를 하면 더 효과적으로 소통이 된다는 것을 알려줄 필요가 있다. 대화를 할 때에는 다양한 사례들을 활용하고, 상대방의 말에 귀를 기울이자(이 부분에 대해서는 조금 후에 더 자세히 이야기해보도록 하겠다). 내향적인 사람이 역할

을 성공적으로 수행하는 데에 도움을 줄 수 있는 강점에 초점을 맞추자.

4. 내향적인 구성원과 외향적인 구성원이 균형있게(아니면 불균형하게) 팀을 구성하고 있는지 분석해보고, 조금 더 생산적인 다양성을 추구하기 위해 어떤 일을 할 수 있는지 생각해보자. 그러한 과정을 통해, 업무의 혁신성, 창의성, 업무성과의 수준은 높아지게 될 것이다.

내향성-친화적인 일터에 대한 우리의 연구결과를 보면, 아직 사람들은 자신의 조직에 내향적인 구성원들이 존재한다는 사실도 그다지 인식하지 못하고 있는 듯하다. 그런데다가 2019년 일터 서베이 참가자들 중 50% 정도는 "내향적인 구성원에게 잘 맞는 프로젝트가 시작되었을 때에도, 해당 구성원을 고려하지 않았다"고 대답했다. 내향적인 구성원을 프로젝트에 추천한 적이 있다고 대답한 응답자 116명 중에서도, 단 15명만이 추천에 성공했다고 말했다. 이것은, 일터와 조직이 새로운 방향으로 재구조화하면서 중요한 변화를 만들어내야 한다는 사실을 가리킨다.

다행히도 변화에 대한 희망적인 소식이 있다. 내향성이란 극복해야 하는 부정적인 것이라는 생각에서 벗어나서, 자신의 모습을 있는 그대로 받아들이기로 결심한 사람들이 지난 10년 동안 나에게 보냈던 많은 메일들 중 하나를 소개한다. 화학분야의 엔지니어인 칼(Karl)의 메시지이다.

"일생을 내향적인 사람으로 살아오면서, 외향적인 비즈니스 세상에 맞게 내 자신을 바꿔야 하나 라는 생각을 정말 많이 했었습니다. 하지만 이제는 나의 내향적인 리더십을 더 풍요롭게 만들어도 된다는 허락을 받은 기분이 들어서 정말 기쁩니다."

앞으로 나올 조직들의 사례에서 보면, 내향적인 리더들은 내향성이라는 주제에 대해 적극적으로 동료들과 이야기를 하고 있으며, 좋은 성과를 거두고 있다. 자기자신을 내향적인 사람이라고 이야기하거나, 스스로의 내향적인 특성을 언급하는 전략을 사용하기도 한다. 주위 상황이 외향적인 속성을 선호하는 방향으로 가고 있다는 것을 인식할 때에도, 내향성에 대한 자신의 선호도를 일부러 바꾸려 하지 않는다. 그리고 내향적인 사람들에게 최고의 성과산출동기를 부여해줄 수 있는, 보다 포용적인 일터를 구축하는 데에 힘을 보태기도 한다.

이야기 나누기

자신이 어떤 사람인지, 어떤 것을 좋아하고 어떤 것을 싫어하는지에 대해 대화를 나누다 보면, 상대방과의 연결관계가 깊어지고, 서로를 더 많이 이해하게 되어 보다 효율적으로 협업을 할 수 있는 상황이 조성된다. 연구결과에 의하면, 자신이 어떤 사람인지에 대해 알려주는 가장 좋은 방법은 이야기를 하는 것이라고 한다 — 이야기(stories)는 사실만을 알려주는 것보다 22배 더 잘 기억된다.[18] 자기자신에 대한 이야기를 하는 것은, 리더를 인간적으로 보이게 하며, 리더와 구성원간의 연결관계를 만들어서, 신뢰와 친밀감을 강화시켜준다. 조직적 맥락에서, 이와 같은 노력은 서로의 과제 목표를 향해 나아가는 과정에서 협력적으로 일하기 위한 준비도를 높여줄 수 있다.[19]

우리의 2019년 일터 서베이를 보면, 응답자 중 50% 정도는 "어떤 리더들은 내향성에 대해 공개적으로 이야기를 한다"라고 대답해주었다. 캐롤린 맥그레거(Caroline McGregor)는 그런 리더들 중의 한 명이었고, 기회가 있을 때마다 자신의 이야기를 구성원들과 함께 나누었다.

머크(Merck)社의 제약연구부문 부사장인 캐롤린이 후원하는 화학 연구소의 핵심인재들을 위해 강연을 해달라는 부탁을 받았을 때, 나는 캐롤린을 만날 수 있었다.

그녀의 정체성을 구성하는 그 어떤 특성보다도, 내향성은 그녀가 가장 중요하게 생각하는 핵심적인 자신의 모습이었다.

"그게 진정한 내 모습이고, 내가 (다른 사람들과) 다르게 느낀다는 것은 매우 중요한 사실이더라구요"라고 캐롤린은 나에게 말해주었다. "내향성은 리더십과 자기자각에 대해 생각해볼 수 있는 정보를 나에게 제공해주죠. 내향적 사람으로서 가지고 있는 강점은 나를 더 좋은 리더로 만들어주었다고 생각해요."

캐롤린은 함께 일하는 이해관계자들 및 조직내 협업 부서들과 생산적인 관계를 맺기 위해 자신의 스토리를 활용했다. 그런 과정을 통해, 그녀는 후배들에게 강한 추진력과 부드러운 세심함을 동시에 가지고 있는 내향적 리더로서의 롤모델이 될 수 있었다. 사업을 진행하는 데 있어서 강하게 드라이브를 거는 문화에서, 캐롤린은 진정한 자신을 나

내향적 구성원에게 친화적인
일터 만들기

타내고자 하는 용기와 의지를 보여주었다. 그녀와 함께 일하는 사람들은, 캐롤린을 보면서 조금 더 어려운 목표에 도전해보고자 하는 동기를 얻곤 했다.

조용한 성격의 젊은 과학자 한 명은, 캐롤린의 이야기를 듣고 난 후 얼마나 많이 감동받았고, 얼마나 큰 동기를 부여받았는지에 대해 나에게 말해주었다. 경쟁적인 A유형 사람들이 중심이 되어 있는 문화에서 일하는 내향적 구성원들과, 그들이 경험하고 있는 고민과 성공을 공유하고자 하는 캐롤린과 같은 리더는, 사람들에게 큰 깨달음을 준다는 것이다. "아, 나와 같이 내향적인 성향을 가지고 있어도 높은 목표를 추구하는 것이 가능하구나."

함께 일하고 있는 내향적 구성원들을 적극적으로 포용하는 리더는 그들을 위한 효과적인 대변자가 되어줄 수 있고, 내향적인 사람들에게 더 도움이 되는 일터를 구축하는 데 앞장서는 촉진자 역할을 맡아줄 수도 있다. 그렇다고 해서, 모든 자신의 경험을 공유하고, 모든 내향적 구성원들과 관계를 맺으려 무리하게 애쓸 필요는 없다. 나의 내향적인 배우자 빌(Bill)과 우리의 다양한 커뮤니케이션 어려움들에 대해 강연에서 이야기를 하면, 모든 사람들이 고개를 끄덕인다. 내향적인 청중들은 빌에게 공감하고, 외향적인 사람들은 나에게 공감하기 때문이다. 그리고, 당신이 완벽한 내향성이 아니라고 해도, 어느 정도의 소극적인 성향은 누구든지 가지고 있다(예: 전화보다는 이메일 커뮤니케이션이 편함).

이와 같은 이야기를 팀의 내향적 구성원들과 함께 나누면서, 공감

대를 형성하고 효과적으로 협업을 할 수 있는 방법을 찾아나갈 수 있을 것이다.

차분하게, 천천히, 귀를 기울이자

나는 외향적인 사람들을 위한 슬로건 콘테스트에 참가하면서 만들었던 티셔츠를 가지고 있다. 그 대회에서 수상한 문구는 무엇이었을까?

> "내가 당신의 말을 중간에 끊고 이야기를 할 때, 당신은 그 어떤 말도 하면 안 된다"

사실, 나와 같은 외향적인 사람들은, 내향적인 사람들이 말을 하지 않고 있을 때에는 생각을 하고 있다는 사실을 잘 인식하지 못한다. 두 명의 외향적인 사람들이 대화하는 것을 들어보면 곧바로 알 수 있을 것이다. 상대방의 말을 가로막는 행동 자체가, 그들이 관계를 맺는 자연스러운 방법이다. 하지만, 내향적인 사람에게는 상황이 다르다. 자신의 생각과 감정을 정리하는 과정에 누군가 끼어들게 되면, 생각이 멈춰지고, 소통을 더 이상 하고 싶지 않아지며, 상대방의 이야기를 일방적으로 듣고만 있는 상태가 되어 버린다.

외향적인 사람들도 잠시 말을 멈추는 것을 배울 수 있고, 상대방이 심사숙고해서 응답할 수 있도록 시간과 공간을 제공할 수 있다. 물론, 당연히 쉽지는 않을 것이다. 외향적인 사람들은 주도적으로 이야기하고, 자신의 생각을 자신있게 표현하는 행동에 의해 에너지를 충전하기

내향적 구성원에게 친화적인
일터 만들기

때문이다. 하지만 한번 생각해보자. 나의 동료인 스피치 코치 패트리샤 프립(Patricia Fripp)에 의하면, "대화 중 말을 계속 이어가지 않고 잠시 멈추는 행동은, 잠깐 정신이 나가서 멍을 때리고 있다는 것을 의미하는 것이 아니다. 그 순간을 전략적으로 잘 활용한다면, 상대방과 인지적, 정서적 연결관계를 구축할 수 있게 도와주는 도구가 될 수 있는 행동이다"라고 한다.

내향적인 사람들에게, 반드시 끊임없이 이야기를 하지 않아도 되며, 편안하게 이야기를 할 수 있는 '안전한 공간'을 만들어주는 리더를 위한 몇가지 실용적인 팁을 정리해보았다.

- 당신의 전화기에 있는 '음소거' 버튼을 활용해보자. 당신이 입을 다물고 상대방의 이야기에 귀를 기울이는 데에 도움이 될 것이다.
- 상대방이 이야기한 내용을 이해한 바에 대해 내 언어를 사용해서 표현해주고(paraphrasing), 개방형 질문을 하는 적극적 경청 스킬을 연습해보자.
- 누군가가 속마음을 잘 드러내지 않고 조용히 있다고 해서, "무슨 문제가 있나요?"라는 말은 하지 말자. 대부분의 경우, 문제는 없기 때문에, 상대방이 자신을 잘 이해하지 못한다는 느낌을 받게 되기 쉽다. 내향적인 사람들은 입을 다물고 그냥 생각에 빠져 있을 때가 많기 때문이다.
- 대면 미팅이나 온라인 미팅에서는, 자신의 이야기를 시작하기 전에 3~5명의 사람들이 말하는 것을 들어주는 여유를 갖자.

나는 기술영업 분야에서 일을 하는 파리즈(Fariz)의 이야기를 듣고 정말 큰 감동을 받았다. 그는 대화를 시작하기 전에 내향적인 사람을 위해 시간과 공간을 더 많이 제공한다는 것은 본인에게 아주 어려운 시도였다고 말했다.

주 1회 열리는 글로벌 컨퍼런스 콜에서 제일 먼저 말을 꺼내는 사람은 대부분 저였습니다. 내향적 구성원들이 아무도 이야기를 하지 않는다는 것을 깨달은 다음에야, 적어도 5명의 이야기가 끝나기까지 기다린 후에 내가 말을 하자는 결심을 하게 되었지요. 결코 쉽지 않았습니다… 입을 열지 않으려고 의식적으로 꾹꾹 참아야 했으니까요. 하지만, 그 다음에 일어난 일은, 정말 그만한 고생을 할만한 가치가 있더군요…

그때까지 이야기를 하지 않던 구성원들이 입을 열기 시작했습니다. 그 모습을 보니, 동료들이 스스로 움직이도록 하는 것과, 내가 직접 개입하는 것의 차이에 대해 정말 진지하게 생각할 수밖에 없더군요. 의식적으로 경청을 하면서 배우는 것이 엄청나게 많다는 것을 깨달았습니다. 앞으로는 사람들의 이야기를 듣는 행동을 지속적으로 연습하기로 마음 먹었습니다!

2019년 일터 서베이에서 미팅과 컨퍼런스콜에 대해 질문했을 때, 90% 이상의 참가자들은 소규모의 사람들만 모여서 미팅을 하는 것이 가장 효율적이라고 대답했다. 맞는 이야기이다. 적은 수의 사람들이 모이니까 서로의 말을 가로막을 가능성도 낮아질 수밖에 없고, 내향적인 사람들의 사고 프로세스를 강화하는 중간중간의 침묵도 자연스럽게 소화될 가능성이 높아지니까 말이다. 최근에 마이크로소프트社에서 발표한 연구결과에 따르면, 중간관리자들의 성공을 가장 잘 예측하는 요인들 중의 하나는, 부하직원들과 1대1 미팅을 자주 갖는 것이라고 한다.[20]

많은 고객들의 으르렁거림을 자주 듣게 되는 전형적인 대규모 미팅과는 전혀 반대의 유형이 필요한 것이다.

소그룹 미팅이나 1대1 미팅에서 잘 활용할 수 있는 테크닉으로, 내가 다른 책에서 언급했던 것은 "워킹 미팅(walking meeting)"이다. 몸을 움직이게 되면 에너지 수준이 올라가며, 아이디어의 도출이 촉진되는 것은 잘 알려진 사실이다. 이에 더하여 어깨를 나란히 하고 걷는다는 것은 내향적인 사람과 외향적인 사람이 연결관계를 맺을 수 있는 행동으로서, 위협적이지 않으며, 평등한 느낌을 줄 수 있다.[21] 사실, 내향성과 외향성 분야의 전문가들은 워킹 미팅이 매우 생산적이고, 기대하는 효과를 얻을 수 있는 좋은 활동이라는 연구결과를 보고하였다. 내향적인 사람들의 협업을 촉진하는 포용적인 미팅에 대해 조금 더 세부적으로 알고 싶다면, 팀 빌딩에 대한 7장 내용을 참고하기 바란다.

내향적인 사람들을 위한 조력자가 되자

이전에 내가 썼던 책 『상처받지 않고 일하는 법(*The Introverted Leader*)』이 처음 출간되었을 때, 나는 파라과이의 아순시온에 있는 대학 졸업식에서 강연을 해달라는 부탁을 받았다. 강연 계획을 논의하는 전화통화에서, 심리학자이자 명석한 프로젝트 리더 리차 루이즈

(Richar Ruiz)는 이렇게 설명해주었다. 파라과이는 수년 동안의 정치적 탄압으로부터 이제 막 벗어난 시기이기 때문에, 대부분의 사람들이 그 동안의 경험을 통해 매우 소극적인 성향을 가지게 되었다고 말이다.

리차는 파라과이의 학생들과 지역사회 사람들에게 내향성에 대한 지식을 전파하는 데에 힘을 쏟고 있었다. 내향적인 리더로서 스스로 맡은 역할을 수행하기 위해서는, 좀더 자신감 있게 움직일 수 있는 방법에 대해 파악하는 것이 도움이 될 거라고 그는 생각했다. 그래서 내가 행사에 초청된 것이었다. 리차는 내향성이라는 것이 긍정적인 특성이라는 것을 사람들에게 확신시켜줄 새로운 아이디어를 만들어냈다. 나는 지역사회와 비즈니스 리더들과 함께, 끊임없이 멋진 대화를 나누었고, 다양한 프레젠테이션과 미팅을 진행하는 시간을 가졌다.

리차는 지속적으로 내향적인 사람들을 위한 조력자와 변화 촉진자의 역할을 수행해나가는 중이다. 리더십 교육과 코칭을 제공하는 회사를 성공적으로 경영하면서, 다양한 리더십과 커뮤니케이션 스타일을 이해하는 것이 얼마나 중요한지에 대해 강조하고 있다.

스테파니 뢰머(Stephanie Roemer)는 한 대기업의 다양성 부서 수장이자, 자기자신도 내향성을 가지고 있는 사람이다. 그녀는 "사람들이 자신의 이야기를 잘 들어주지 않는다"고 느끼며, 커리어 개발을 위해 앞으로 나아가는 방법을 잘 알지 못하는 내향적 재무부서 관리자들에게 신경을 많이 쓰고 있었다.

뢰머는 이렇게 말했다. "(조직에서는) 외향적 스킬을 훨씬 더 가치있게 평가합니다. 그것이 우리가 현재 살고 있는 세상이지요. 때로는 외향성에 더 높은 가치를 부여하는 기업의 문화에서 유연하게 행동하기가 어렵기도 합니다. 그렇기 때문에, 더 영향력 있는 위치에서 하고 싶은 일을 하고 싶다면, 조직에서 자신의 존재감을 효과적으로 드러내고 표현할 수 있는 도구와 팁이 필요한 것이지요."

뢰머는 재무부서뿐 아니라 조직 전체의 관리자들이, 내향적인 구성원들의 가치에 대한 이해도를 높일 수 있도록 조력하는 프로그램을 기획하였다.[22] 구성원들로 하여금 성격검사를 받도록 했고, 내향성에 대해 다루는 소그룹 토론 프로그램과 리더십 교육 코스를 설계하였다. 그리고, "서로 반대의 성향이 함께 만들어내는 천재성(Genius of Opposites)" 세미나를 개최해서, 각각의 내향적인 구성원들이 더 효과적으로 협업해보고 싶은 외향적인 동료 한 명을 초청하도록 했다.

안타깝게도, 리차와 스테파니와 같은 내향적인 사람들에 대한 조력자는 리더들 중에서 아직 쉽게 찾아보기 어렵다. 하지만 우리가 진행해본 서베이 결과에 따르면, 내향적인 리더들이 조직에서 조금 더 영향력 있는 자리로 올라갈 수 있는 기회는 다행히도 많이 존재하는 것으로 나타났다. 지금부터는 구체적인 방법에 대해 이야기해보도록 하겠다.

내향성에 대해 관리자 코칭하기

쉐릴 브루프(Sheryl Bruff)는 코칭을 통해 (내향성을 포함해서) 여러가지 다양한 구성원의 특성에 대해 관리자들이 이해도를 높일 수 있도록 조력하고 있다.

"가장 첫번째로 우리가 시도하는 것은, 리더들이 (다양한 특성을 가진 구성원들에 대해) 조금 더 많은 관심을 갖도록 하는 것입니다. 리더들이 참여할 수 있는 교육 프로그램들을 진행하고 있고… 구성원과의 대화를 시작하기 위한 질문을 효과적으로 사용하는 방법을 익힐 수 있게 돕고 있습니다."라고 그녀는 나에게 이야기해주었다.

쉐릴은 미국항공우주국(NASA)에 소속된 우주망원경 연구소의 HR 본부장이다. 그녀는 다양한 사회적, 정치적 정체성들이 교차되면서 어떤 일이 일어나는지에 대해 민감하게 관찰하는 사람이다.[23,24] 현재 진행하고 있는 미션중의 하나는, 구성원의 내향성이 가지는 가치에 초점을 맞추는 일이다. 연구원 리더들 중의 몇몇은 자신과 다른 성격유형과 스타일을 가진 사람들과 함께 일하는 것을 어려워하고 있기 때문에, HR에서는 그들에게 교육과 코칭을 제공해서, 내향성에 대한 자각과 공감수준을 눈에 띄게 올리는 성과를 거두었다. 지난 10년 동안, 쉐릴은 조직의 관리자들이 내향적인 팀 구성원들과의 쉽지 않은 대화를 하기 위해 열심히 노력해서 얼마나 큰 발전을 가져왔는지를 볼 수 있었다.

내향적인 구성원들이 자신의 강점을 현명하게 사용할 수 있도록 코칭하자

내향적인 사람들이 가지고 있는 가장 좋은 강점들 중의 하나는, 준비를 철저하게 잘한다는 점이다. 질문에 대답하고, 문제를 해결하거나 주제에 대해 고려할 수 있는 얼마간의 시간이 주어진다면, 그들의 대답은 "바로바로 빨리 대답해!"라는 압력을 받을 때보다 더욱 풍부한 내용을 담을 수 있게 될 것이다. 리더로서 당신은 내향적인 사람들이 준비를 할 수 있도록 지침을 제공해서, 미팅, 프레젠테이션, 인터뷰 전에 충분한 생각을 하도록 도와줄 수 있다. 실제 미팅을 하기 전에 이메일이나 문자를 보내주어서, 어떤 것에 대해 논의하기를 원하는지에 대한 사전 정보를 주게 되면, 기대하는 결과를 얻을 가능성이 더 커질 것이다. 최근에 어떻게 사전 준비를 한 것이 도움이 되었는지를 생각해보도록 질문을 해주어, 내향적인 구성원들이 자신의 강점을 잘 활용할 수 있도록 도와주자.

내 강연에 참여했던 한 청년이 했던 이야기가 기억난다. 자신의 상사가 앞으로 있을 스탭 미팅에서 프로젝트 진행과정에 대해 확인할 테니 미리 준비하라고 이야기를 해주었을 때 많은 도움이 되었다는 것이다. 그 덕분에 그 청년은 미팅 전에 생각을 구조화할 수 있었고, 좀더 효과적인 미팅이 되도록 적극적으로 기여할 수 있었다고 한다.

2019년 일터 서베이의 한 응답자가 내향적인 구성원들을 좀더 잘 지원하기 위한 방법으로 언급한 멋진 제안 한가지를 소개한다.

> "미팅은 주1회 정기적으로 하는 것으로 해서, 내향적인 구성원(그리고 모든 사람들)이 각자 발표해야 하는 부분에 대해 미리 계획하고 연습할 수 있는 시간을 확보하게 해주시면 좋겠습니다."

물론, 어디에서든지 분야 전문가로 일하고 있는 사람이라면, 내향적이든 외향적이든 간에, 언제든지 준비 없는 상태에서도 이야기할 수 있어야 한다. 하지만, 예상하지 못한 요청을 받았을 때에도, 평소에 미리 준비를 해놓게 되면 분명히 도움이 될 것이다. 첫째, 내향적인 팀 구성원들이 갑자기 발표를 하라거나 스탭 미팅에 참석하라는 요청을 받았을 때, 자신의 존재감을 명확하게 드러낼 수 있도록 도와주자. 둘째, 내향적 구성원들이 승진 기회와 테스트에 대해 미리 준비할 수 있도록 지원해주자(예: "지금 준비가 가능한 부분은 어떤 것인지요?"라고 질문해주기). 사전에 준비하지 않은 질문을 받게 될 것이 예상되는 상황에 대해 미리 생각해보도록 도와주게 되면, 내향적 구성원들은 기회가 왔을 때 더 자신감 있고 적극적인 모습을 보일 수 있을 것이다.

우리 자신의 모습을 있는 그대로 보여주기

우리의 특성은 리더십 행동에 그대로 반영된다.[25]
- 브레네 브라운(Brene Brown)

제니퍼 브라운(Jennifer Brown)의 책 『포용적인 리더가 되는 방법(How to be an inclusive leader)(국내 미출간)』을 보면 이런 구절이 나온다. "전 세계의 많은 핵심인재들은 포커스 그룹에서 이런 이야기를 해주었습니다. 자신의 진정한 모습을 일터에서 다 보여주는 것이 편안하지 않다고 말이죠.

내향적 구성원에게 친화적인
일터 만들기

매일매일 회사에 출근하면서도, 자기자신의 진짜 재능과 마음깊은 곳에 있는 열정은 일터에 가져오지 않는 거에요. 이와 같은 상황은 어떤 조직에서라도 성과에 부정적인 영향을 미치게 될 것을 누구든지 예측할 수 있을 겁니다."[26] 리더들이 자기자신의 모습을 솔직하게 드러내 보이면, 구성원들은 관리자와 진정성 있는 관계를 맺고 싶다는 마음이 생기게 되며, 자신의 진짜 재능과 열정을 일터에 가져오고 싶은 동기수준이 올라가게 된다. 리더가 내향적인 사람들이 가지고 있는 특성을 이해하고, 모든 팀구성원을 이해하는 모습을 보여주게 되면, 구성원들은 자신의 잠재력을 최대한 발휘하는 것이 가능한 환경에 있다는 느낌을 받게 될 것이다.

내향적인 사람들의 경험에 대한 더 많은 이해를 통해, 우리가 내향성에 대해 가지고 있는 편견을 넘어서고, 내향적인 리더가 가지고 있는 강점에 초점을 맞출 수 있는 방법에 대해 지금부터 살펴보도록 하자.

내향적인 사람들에 대해 우리가 가지고 있는 편견을 용감하게 마주하자

리더가 놓치고 있는 중요한 맹점들 중 하나는, 마음속에 가지고 있는 내향적인 사람들에 대한 신화이다. 무의식적 편견, 의식적으로 자각하지 못하는 사회적 고정관념에 대한 문제들이 제기되어, 현재 다양성과 포용성에 대한 논의가 여러가지로 이루어지고 있다. 무의식적 편견은 우리가 쉽게 통제하기 어려운 부분이다. 우리의 뇌가 신속하게 자동적 판단을 내리면서 나타나기 때문이다.[27]

이와 같은 무의식적 편견을 쉽게 없애기란 어려운 일이지만, 어떤 것이 우리의 행동을 이끌어내는지에 대해 더 잘 이해하기 위해 노력하는 일은 가능하다. 예를 들어 생각해보자. 어떤 팀 구성원이 말을 많이 하지 않고, 할 말이 별로 없다고 이야기하면, 우리는 그 사람의 존재감을 무시하고, 그 구성원이 팀에 가져와줄 수도 있는 가치있는 기여를 놓치게 될 가능성이 높아진다.

하지만, 말을 많이 하지 않는 팀구성원에 대해 편견을 가지고 있다는 것을 우리가 자각하게 되면, 그 사람들을 무시할 가능성도 감소하게 될 것이므로, 내향적인 사람들의 커뮤니케이션 스타일에 맞게 적절한 기회를 제공할 수 있을 것이다.

MBTI나 DiSC 성격검사를 해본 적이 있는가? 검사 결과를 이용해서 자기자신과 팀 구성원들을 이해하려는 노력을 해본 적이 있는가? 그러한 경험을 활용해서 서로간의 커뮤니케이션을 위한 보다 효율적인 방법을 찾고, 서로를 동기부여시키기 위한 통찰을 더 깊게 해본 적이 있는가? '다양성' 전문가이자 『우리 뇌는 왜 늘 삐딱할까(Everyday Bias)(탐나는책, 2018)』의 저자인 하워드 로스(Howard Ross)는 이 주제에 대해 이런 이야기를 하였다. 사람들로 하여금 자기자신이 가지고 있는 편견에 대해 이야기할 수 있는 장을 마련해주는 것이 중요하다고 말이다.[28] "무의식적인 편견을 이해하게 되면, 우리는 그 편견을 다룰 수 있는 방법을 배울 수 있게 되고, 우리의 의사결정과정을 통제할 수 있는 역량을 강화시킬 수 있게 된다."고 그는 설명하였다.

내향적 구성원에게 친화적인
일터 만들기

내향성에 대한 신화

내가 리더들로부터 들어왔던 '내향적인 사람들에 대한 편견' 몇 가지를 소개한다.

내향적인 사람들에 대한 편견[29]

- 이야기하기를 좋아하지 않는다
- 행동이 느리고 굼뜨며 우유부단하다
- 사교성이 없으며 결정을 쉽게 못 내린다
- 언제나 혼자 있고 싶어한다
- (얼굴표정 변화가 별로 없는 것을 볼 때) 항상 화나 있어 보이고, 지루해보이고, 거만해보인다
- 언제나 불행해보이는 느낌이다
- 사람을 좋아하지 않는 것 같다

나는 운이 좋게도 전세계의 일터에서 내향적인 사람들에 대해 이루어지는 많은 토론을 관찰할 수 있는 기회를 얻을 수 있었다. 그 대화들은 언제나 에너지로 가득차 있었고, 사람들의 시각을 넓혀주는 기능을 해주는 때가 많았다. 조직 구성원들이 경험하는 과정은 새로운 언어를 배우는 것과 같이 계속해서 발전해나갔다. 내가 이러한 장면들을 관찰하면서 배운 것은, 모든 팀과 조직의 각 구성원은 독특한 특성을 가지고 있다는 것이다(내향적인 사람을 포함해서).

도서『나는 혼자일 때 더 잘한다』의 작가인 모라 애런스밀리는 "내

향적인 사람들의 유형은 정말 다양합니다"라고 설명한다. "내향적인 사람들이 전부 조용한 건 아닙니다. 그렇다고 다 수줍음을 타는 것도 아니죠. 모임에 나갔을 때 모두 입을 딱 다물고 앉아 있지도 않아요. 버락 오바마(Barack Obama)도 내향적인 사람이었습니다. 정말 유명한 코미디언, 배우, 유명인들 중에서도 극도로 내향적인 사람들이 있죠."

언젠가 나는 독일 베를린에서 내향적 리더십에 대한 1주짜리 교육 프로그램을 진행했던 적이 있다. 학생 중 한 명이었던 안나(Anna)는 사교적이고 외향적인 사람이었고, 노련한 임원 코치였다. 안나는 내향성이라는 특성에 대해 잘 이해하지 못했고, 사람들에게 라벨을 붙여서 분류한다는 것에 대해 격렬하게 거부하는 모습을 보였다. 하지만, 누군가에 대해 깊이 생각해보고 온 다음 날, 그녀의 태도는 완전히 바뀌어 매우 만족한 표정을 짓고 있었다. 기력이 없어보이고 반응도 매우 느려서 코칭을 할 때마다 좌절감을 느꼈던 코칭 고객에 대해 생각해보니, 빠져 있던 퍼즐 조각이 딱 맞아 들어가는 것을 느꼈던 것이다. 그 고객은 내향적인 사람이라는 사실을 깨닫고, 안나 코치는 외향성을 살려서 적극적으로 더 깊은 공감을 표현하려 애썼고, 즉시적인 판단을 내리지 않으려고 노력하기 시작했다. 이와 같이 새롭게 깨달은 지식은 안나가 자신의 고객과 더 튼튼한 연결관계를 맺기 위한 움직임을 시작하게 해준 것이다.

결론

성공경험을 가지고 있는 리더들을 관찰해보면 대부분의 경우, 적극

내향적 구성원에게 친화적인
일터 만들기

적으로 성장하고 변화하고 싶어하며, 구성원의 니즈에 따라 유연하게 움직이려는 마음이 강하다는 특성을 가지고 있다.

자기자신의 모습에 대해 성찰하면서, 스스로의 편견에 대해 왜곡없이 들여다보고, 지속적으로 새로운 자극들에 대해 마음을 열고 배우려는 시도를 하는 리더라면, 지금 현재에도 매우 성공적으로 팀을 이끌고 있을 거고, 앞으로도 좋은 성과를 거둘 거라고 나는 믿는다.

핵심 요약 리더는 구성원들의 특성을 세심하게 파악해야 하고, 각 개인의 특성에 적절하도록 접근방법을 조율해야 한다. 그러기 위해서는, 내향성과 같은 개인별 독특성에 대한 대화를 나누는 것부터 시작해보도록 하자.

내향적 구성원을 효과적으로 리딩하기 위한 5가지 유의점

1. 팀구성원들 중에 내향적인 사람이 있을 수 있다는 사실을 인정하자. 내향적인 구성원들에게 선호하는 업무 스타일과 커뮤니케이션 방법에 대해 질문해서, 자신이 수용받고 있으며 지지받고 있다는 느낌을 갖게 해주자.

2. 리더 자신이 가지고 있는 내향적 성향이나 경험에 대한 이야기를, 내향적 구성원들과 함께 공유하자. 그러면서 그들과의 연결관계를 강화하고, 함께 더 긍정적인 미래를 향해 나갈 수 있는 기반을 튼튼하게 만들도록 하자.

3. 팀에 소속되어 있는 내향적 구성원들이 업무과정에 참여할 수 있는 시간과 공간을 제공해주자. 중요한 순간 이전에 미리 준비할 수 있는 시간을 주어 성공경험의 확률을 높이도록 도와주자.

4. 조직의 관리자 및 팀구성원들에게, 내향적인 사람들이 가져올 수 있는 가치에 대해 교육하는 기회를 만들고, 그들을 어떻게 지원할 수 있는지에 대해 알려주자.

5. 내향성에 대해 자기자신이 가지고 있는 부정적인 편견을 마주하자. 그래서, 리더로서 의사결정을 내릴 때에 편견 때문에 실수를 하는 경우를 줄이도록 하자.

4장

내향적인 사람들과의 커뮤니케이션

"우리의 조직 문화는 '철학적으로' 전체적인 다양성(예: 내향성과 외향성)을 지원할 수 있다고 저는 생각합니다. 하지만, 실제 상황에서는 가장 목소리가 큰 사람이 대부분의 대화의 칼자루를 잡기 마련입니다(예: 프로젝트의 진행, 새로운 혁신의 실행, CEO에 대한 보고 등)."

— 2019년 일터 서베이 응답자

대화의 영향력과 다양한 커뮤니케이션 스타일에 대해 논의할 때, 자주 간과되는 것은 '인간이라는 존재가 어떻게 연결관계를 맺는가'에 대한 기본적인 핵심 아이디어이다. 2012년, 구글社에서는 "아리스토텔레스 프로젝트"라는 이름을 붙인 대규모 연구를 통해, 위대한 팀을 만드는 요소는 어떤 것인가에 대해 파악하려는 시도를 하였다. 연구자들은 180개의 글로벌 팀을 대상으로 조사를 진행하여, 팀의 구성과 팀의 역동이 어떻게 업무효율성에 영향을 미치는지에 대해 알아보았다. 연구결과는 역시 우리 모두가 이미 알고 있던 사실과 일치했다. 신뢰와 상호이해야말로 의미있는 커뮤니케이션의 기반이라는 진리 말이다.

아리스토텔레스 프로젝트가 구글 구성원들에게 알려준 것은, 출근을 할 때 "회사용 가면"을 쓰고 오고 싶어하는 사람은 아무도 없다는 사실이었다. 자신의 성격과 내면의 삶의 일부를 집에 남겨놓고, 회사의 동료들에게 보여주지 않는 것을 좋아하는 사람이 있을리 없으니 말이다. 효율성에만 초점을 맞출 수는 없다. 그보다 더 중요한 것은 이것이다. 우리는 일터의 아침을 시작할 때, 엔지니어들과 협력을 하며, 마케팅팀의 동료들에게 이메일을 보내고, 컨퍼런스콜을 할 때, 그 사람들이 민감하게 우리의 말에 귀를 기울이기를 기대한다. 우리는 업무가 (아무 생각없이 움직이는) 노동 이상의 것이라고 사람들이 생각할 수 있기를 바란다.[30]

4장에서 우리는 지금부터 내향적인 사람들의 커뮤니케이션 스타일에 대해 논의해보려고 한다. 그리고 (생각을 정리하기 위한) 중간의 침묵이나 준비 시간과 같은 내향적 사람들의 소통 니즈를 채워줄 방법에 대해 초점을 맞춰볼 것이다. 하지만, 가장 중요한 것은, 리더와 구성원이 "내향성"이라는 단어 뒤에 숨겨진 진짜 인간에 대해 더욱 심층적인 이해를 할 수 있는 방법을 찾는 일이다. 그러면 어떤 좋은 일이 생길까? 내향적인 구성원들은 자기주도적으로 의견을 내고, 업무진행과정에 적극적으로 기여하는 것에 대해 편안함을 느끼게 될 것이다. 그리고 4장에서 우리는 열정적으로 외향적 표현을 하며 일하는 구성원뿐아니라, 조용하고 차분하게 성과를 내는 구성원에게도 스포트라이트를 비춰주고 인정해주는, 모든 구성원들이 심리적으로 안전감을 느낄 수 있는 환경을 만들어줄 방법에 대해서도 논의할 계획이다.

커뮤니케이션 모드에 대한 검토

2017년, 우리 회사에서는 내향적인 리더들이 소통을 할 때 선호하는 도구에 대해 파악해보기 위해 커뮤니케이션 서베이를 시행하였다.[31] 다양한 산업분야에서, 다양한 역할을 맡고 있는 40명의 내향적 리더들로부터 응답을 받아 분석을 해본 결과는 정말 흥미로웠다. 커뮤니케이션 방법을 전달하고자 하는 정보의 유형과 매칭시키게 되면, 상대방의 메시지 이해도가 상승될 가능성을 강화시킨다는 사실이 명확하게 드러났다. 예를 들어, 응답자들은 다음과 같은 경우에 이메일이 가장 효율적이라고 말했다. 데이터를 전달할 때, 약속을 잡을 때, 정기적으로 공유되는 정보를 배포할 때.

문자메시지는 급한 업무건에 대해 신속한 응답을 받을 때, 예상치 못한 일이 발생해서 즉석에서 논리적 계획을 수립할 때, 그리고 확인을 할 때 효과적인 소통도구라는 대답이 나왔다. 내향적 구성원들이 다음 각각의 커뮤니케이션 방법에 대해 어떤 가치를 부여하고 있는지에 대해 지금부터 알아보도록 하자.

이메일

이메일은 지금까지 우리 서베이에 응답했던 내향적 리더들이 선호하는 커뮤니케이션 방법이었다. 어떤 응답자의 말에 의하면, "이메일은 업무소통이 불필요한 수다떨기로 빠질 가능성을 줄여줍니다." 또 다른 응답자들은 이메일을 사용하게 되면, 곧바로 대답해야 한다는 압

박을 받지 않고도 생각할 시간을 얻을 수 있다며, 이메일의 좋은 점을 강조하였다. 이메일을 통해 소통을 더 잘 할 수 있다고 이야기하기도 했다.

> 전화통화를 주로 해야만 했던 시대에 살았다면, 저는 지금 이 위치까지 승진하지 못했을 겁니다. 이메일과 소셜 채널은 문서를 통해 저를 잘 표현할 수 있도록 해주는 도구입니다. 업무소통을 해야 하는 내용을 적은 후, 잠시 시간을 가지고, 다시 돌아와서 보면, 메일을 발송하기 전에 수정할 부분이 보이게 됩니다.

문자메시지

이메일과 마찬가지로, 문자메시지는 내향적인 사람들이 시간을 충분히 들여서 가장 명확한 내용을 담은 메시지를 만들어 보내고 싶은 니즈를 충족시켜 준다. 한 서베이 응답자는 이런 이야기를 해주었다. "문자메시지는 저의 가장 큰 조력자입니다. '보내기' 버튼을 누르기 전에 내용을 수정보완할 수 있다는 사실은, 단어를 잘못 사용할 가능성을 줄여줍니다. 전화통화를 할 때에는 그러한 실수가 자주 일어날 수 있기 때문에, 저로서는 소통의 오류와 오해에서 생기는 좌절감을 느끼는 경우가 많습니다."

서베이 응답자들은 단체채팅방도 다양한 시각을 모을 수 있는 효율적인 방법이라고 생각하고 있었다.

전화통화

많은 내향적 구성원들이 전화통화를 싫어한다는 사실은 비교적 잘 알려져 있는 편이다. 고객사에 근무하는 한 직원은 아예 전화를 통해 이야기하는 것을 거부하는 경우가 있었다. 어느날 나는 그에게 불시에 전화를 걸었다(아마 그 직원은 자녀들이 전화하는 걸로 생각했을 거다). 그리고 나서, 업무통화를 최대한 피하기 위해 얼마나 오랫동안 버텼는지에 대해 의미있고 재미있는 대화를 나누었다.

전화라는 것이 이메일이나 문자메시지의 내용을 명료화하거나 구체적으로 설명해주는 데에 유용하다는 것은 사실이다. 또한 개인적 연결관계를 더 발전시키고 신뢰도를 높여주기도 한다. 당신의 음성과 어조는 상대방에게 메시지를 전달하는 매개체로서 활용되게 된다. 예를 들어보자. 언젠가 나는 자레드(Jared)로부터 보이스메일을 받았었다. 그는 우리 팀에서 영업을 담당하고 있는 내향적인 구성원이었고, 보이스메일의 내용은 시간이 될 때 나와 전화하고 싶다는 것이었다. 전화통화를 하면서, 자레드는 예민하게 반응하는 고객에 대해 설명해주었다. 그런데, 그 이야기는 만약에 이메일을 통해서 했다면, 내가 쉽게 오해할 수 있을만한 내용이었다. 자레드가 커뮤니케이션 방법을 현명하게 선택했기 때문에, 나는 그의 소통 능력을 높게 평가하게 되었다.

우리 팀의 내향적 구성원인 알린(Arlene) 또한 전화통화를 두려워하는 사람이었다. 하지만, 언제까지나 통화를 피할 수 없다는 사실을 인식하고 있었다. 그렇다면, 알린과 같은 사람들이 조금 더 편안하게 전화통화를 할 수 있도록 어떻게 도와줄 수 있을까? 내향적인 사람들이 시도한 후 효과를 보았다고 이야기해준 방법은, 미리 전화통화를 준비하는 것이다(예측하지 못한 전화를 받지 않도록 해주자. 그러니까, 앞에서 내가 고객사 직원에게 썼던 깜짝 통화 방법은 그다지 제안하고 싶지는 않다). 그리고, 전화통화에서 다뤄야 하는 아젠다를 정하고, 해야 할 질문을 정리해두고, 핵심적인 소통 포인트를 마련해두는 것도 좋다. 이런 방법을 통해, 전화통화는 예측한 범위 내에서 이루어질 수 있을 것이므로, 내향적인 사람들이 미리 준비한 주제에 효과적으로 초점을 맞출 수 있게 될 것이다.

대면 소통

꼭 알아야 할 뉴스를 전달할 때, 프로젝트를 시작할 때, 상대방을 칭찬할 때, 중요한 이슈와 문제점을 해결할 때, 가장 좋은 방법은 직접 사람을 만나서 대화하는 대면 소통이다. 그럼에도 불구하고, 우리가 진행해본 커뮤니케이션 서베이 결과에 의하면, 내향적인 리더들은 대면 소통을 가장 선호하지 않는 상호작용방법이라고 대답하였다.

전화통화와 마찬가지로, 직접 상대방을 만나서 하는 대면 미팅의 불편함 수준을 낮추는 방법이 존재하긴 한다. 미리 미팅 날짜를 공유 캘린더에 표시해놓고(누군가의 사무실에 아무런 공지 없이 쳐들어가지 않아도 되도록), 미리 미팅에서 다루어야 할 주제에 대해 준비하기와 같이 말이다. 우리의 연구 결과에서 또 발견한 것은, 어떤 내향적인 사람들은 비디오콜이 대면 소통보다는 덜 위협적이라고 이야기하기도 했다. 다만, 이 경우는 모든 사람들이 동일한 기본 규칙을 따르고 있을 때였다. 모든 사람들이 화면에 나오든지, 아니면 아예 모두의 목소리만 들리든지. 회의에 참여한 사람들 중 일부는 카메라에 잡히지 않아서 딴짓을 해도 되는 상황이라면, 화면에 나오게 되는 사람은 불공평함을 느끼게 될 테니 말이다.

몇 개의 소프트웨어 회사를 세웠던 사업가인 폴 잉글리쉬(Paul English)는 아침, 점심, 저녁 식사 시간에 구성원들이 미팅신청을 할 수 있도록 캘린더를 오픈해놓았다. 폴은 온라인 소통보다는 직접 상대방의 얼굴을 보고 에너지를 전달하는 것이 훨씬 더 쉽다고 생각하기 때문이다.

"저도 내향적인 사람이기 때문에, 하루종일 혼자서 내 방 컴퓨터 앞에만 앉아 있고 싶은 마음이 많이 듭니다. 하지만, 정말 그렇게 하게 된다면, 구성원들의 에너지 관리를 전혀 해주지 못하게 되겠지요. 결국 무거운 엉덩이를 일으켜서, 한동안 보지 못했던 사람들과 이야기를 합니다. 회의를 해야 하는 아젠다가 있을 때도 있지만, 대부분의 경우는 안부를 묻기 위함입니다. 이와 같은 인간적인 접촉이 없다면, 우리 회사의 분위기는 그야말로 바닥으로 가라앉아 버릴 겁니다."[32]

재미있는 것은(나는 긍정적이라고 생각한다), 보다 젊은 세대들이 대면 소통을 더 하려고 하는 움직임이 보이는 것 같다는 사실이다. 세대 전문가인 라이언 젠킨스(Ryan Jenkins)의 보고에 따르면, Z세대 조직구성원들(현재 20대인 사람들) 중 70% 이상은 대면 미팅이나 화상회의를 원한다고 한다.

이와 같은 Z세대의 트렌드는 언제나 시공간을 초월한 온라인 소통을 선호했던 밀레니얼 세대의 습관에 대한 역풍이라고 해석하는 전문가들도 있다.

인트라넷 프로그램

업무소통을 보다 친밀하게, 또 효과적으로 만들기 위해 조직들에서는 사내 인트라넷(intranet) 프로그램을 만드는 새로운 움직임이 엄청나게 많이 일어났다. 각 구성원들이 자신의 기본적인 정보(직급, 근무지역, 사진 등)를 입력할 수 있는 프로필을 만들 수 있게 해주어서, 인트라넷에서는 조직에서 함께 근무하는 어느 누구에게나 쉽게 접촉해서 소통할 수 있다고 인트라넷 소프트웨어 회사의 담당자 죠슬(Jostle)은 설명해주었다.[33]

"대부분의 인트라넷은 실시간 업데이트와 공지가 가능한데다가, 구성원의 성과를 공유하고 보상해줄 수 있는 시스템도 가지고 있습니다. 이러한 방법으로 다양한 구성원의 자원을 인정해줍니다."라고 이 회사의 블로그는 홍보하고 있다.

사회적 기업 채리티 워터(Charity Water)와 같은 조직에서는 이메일 사용을 완전 중지하고, 온라인 커뮤니케이션은 인트라넷 프로그램만 사용하는 것으로 정책을 바꾸었다(이 조직의 경우에는 슬랙을 이용했다).[34] 내가 만났던 내향적 고객들 중에는, 인트라넷을 사용하게 되면 불편함을 느끼는 대면 소통을 그다지 많이 하지 않고도 많은 동료들과의 접촉을 쉽게 할 수 있다고 이야기하기도 했다. 인간적인 만남은 튼튼한 연결관계를 강화하기 위해 매우 중요한데, 이 인트라넷은 또 하나의 차가운 디지털 커뮤니케이션 도구라는 느낌이 덜하다는 것이었다. 이와 같은 상황에 대해 2019년 일터 서베이에 참가한 한 응답자는 그다지 어려워보이지 않는 간단한 소망을 이야기해주었다. "저는 사람들이 슬랙 프로필에 꼭 사진을 넣어주었으면 좋겠어요(사진이 싫다면, 그 사람을 나타낼 수 있는 뭔가 개인적인 그림이라도). 그렇게 되면, 차가운 스크린을 마주하고, 도대체 나는 누구와 이야기하고 있는 것인지에 대한 자괴감을 조금이라도 줄일 수 있을 것 같아요."

소통의 유연성 강화

커뮤니케이션이라는 것은 프로세스이며, 양쪽 참가자는 자신의 역할을 해내야 할 책임을 가지고 있다. 커뮤니케이션 방법에 대해 당신과 다른 선호도를 가지고 있는 사람들과 소통을 해야 할 때에는, 상대방의 스타일을 고려하는 것이 중요하다. 이와 같은 조율작업을 할 때마다 소통 상대방의 선호도에 맞춰주려는 태도를 보인다면, 커뮤니케이션은 좀더 자연스럽게 이루어질 수 있을 것이다.

모든 커뮤니케이션 상호작용에는 발신자와 수신자가 있기 마련이다. 당신이 발신자의 역할을 맡고 있을 때, 당신이 보내는 엄청난 양의 이메일 때문에 수신자가 숨막힘을 느끼고 있다면, 잠시 일을 중단하고, 상호작용을 할 수 있는 보다 효율적인 방법을 찾기 위해 논의를 할 필요가 있다. 그렇게 중간점검을 하지 않고 그냥 하던대로 상대방이 읽지도 않는 이메일을 계속해서 보내게 된다면, 발신자와 수신자 모두는 좌절감에 빠져서 아예 커뮤니케이션을 거부하는 최악의 상태까지 갈 수밖에 없게 될 테니 말이다.

　당신이 선호하는 소통방법은 이메일이지만, 내향적인 동료는 문자 메시지를 더 좋아한다는 사실을 알게 된다면 어떻게 하겠는가? 무조건 이메일을 고집하는 태도보다는, 유연하게 가끔씩 문자메시지를 사용해준다면, 동료와의 커뮤니케이션 채널을 유지하면서, 당신에 대한 신뢰감과 연대감을 더 강하게 만들 수 있을 것이다. 상대방이 당신에게 전달하는 응답의 유형이 어떤 것인지 잘 관찰해보고, 당신의 소통방법에 있어서 조율해볼 부분이 있을지에 대해 생각해보기를 권한다. 그리고, 현재 사용하고 있는 소통 방법이 효과적이지 않다고 생각되는 경우, 머뭇거리지 말고 곧바로 동료에게 의논해보는 것이 가장 바람직하다. 커뮤니케이션의 명확성과 효율성을 강화할 수 있도록 소통과정을 정교화하는 작업에 초점을 맞춰보도록 하자.

　세대 전문가 라이언 젠킨스는 커뮤니케이션에 관련된 스트레스를 감소시키기 위한 조직내 가이드라인이 만들어져야 한다고 믿고 있다. 예를 들어 매일의 업무에서 구성원들에게 다양한 소통 도구들(전화, 문자메시지, 사전공지 없는 사무실 방문 등)을 통해 즉흥적으로 메시지 폭탄을 던지면 안 된다는 규칙이 존재하는 회사라면, 내향적인 구성원들이 편안하고 자연스럽게 심층적인 소통을 할 수 있는 분위기가 조성될 것이다.

　젠킨스는 조직에서 특정 정보를 절실하게 필요로 할 때 활용 가능한 응급 소통채널이 있어야 하며(인트라넷 또는 문자메시지), 그 커뮤니케이션 채널은 최대한 단순화된 형태인 것이 바람직하다고 제안한다.

침묵을 수용하기

지금까지 우리는 다양한 커뮤니케이션 방법들을 내향적 구성원에게 어떻게 활용할지, 그리고 특정 방법이 이들에게 잘 맞거나 잘 맞지 않는 이유는 무엇인지에 대해 점검해보았다. 그렇다면, 이제는 커뮤니케이션과 연결관계에 대해 별 관심을 가지지 않는 사람들과 생산적인 대화를 하기 위해 필요한, 가장 중요한 그라운드룰(ground rule. 효율적인 업무소통을 위한 기본규칙—역주)을 설정해볼 시기이다.

구성원들에게 생각하고 성찰할 수 있는 기회를 제공해줄 때, 그들의 창의성과 혁신성을 강화할 수 있다고 주장하는 연구결과들이 많이 존재한다. 내향성에 대해 가치를 부여하는 문화조성을 하기 위한 첫번째 그라운드룰은 그러한 기회를 만드는 일이다. 구성원의 침묵을 수용하고, 조용하고 사려깊은 행동을 이해해주는 것.

'고요함'의 가치를 인정하고 존중한다는 것은, 소리가 크고, 열정적이고, 열렬한 아이디어 표현이 허용되지 않는다는 의미가 아니다. 다양한 커뮤니케이션 유형이 가지는 강점에 대해 존중하고, 여러가지 형태의 표현이 허용되는 공간을 만들겠다는 뜻이다. 안타깝게도, 3장에서 언급되었던 '라우더십(loudership)'은 조용한 영향력을 눌러버리는 경우가 매우 많다. 우리가 실시했던 2019년의 일터 서베이 결과에서도 이러한 상황들을 많이 발견할 수 있었다.

우리는 내향적인 사람들의 뇌에 대한 지식을 이제 막 조금씩 더 알아가고 있는 중이며, 지금까지 발견된 것 중에서 가장 중요한 결과들 중 하나는, 내향적인 사람들이 소음에 대해 정말 많이 예민해한다는 사실이다. 한 연구를 보면, 내향적인 사람들은 소음으로부터 과잉자극을 받게 되어, 쉽게 에너지가 소진된다는 결과도 찾아볼 수 있다.[35]

이러한 사실은 일터 밖에 있는 개인적인 삶에 대해서도 영향을 미치게 된다. 내가 진행했던 워크샵에 참석했던, 한 여성 IT 리더의 이야기가 기억난다. "저는 가족 모임에 되도록 참석하지 않으려고 해요. 저희 가족들은 모두 목소리가 크고, 끊임없이 떠들어대고, 매우 자극적으로 이야기를 하거든요."

2019년 일터 서베이에 참여했던 또 다른 응답자는 "컴퓨터와 휴대폰 소리를 무음으로 할 것"이라는 일터 규정이 있었으면 좋겠다는 이야기도 해주었다.

라드하 메호로트라(Radha Mehrotra)는 내향적인 사람들과 주로 작업을 같이 하는 코치이다. 라드하 자신도 내향적인 사람이었고, 회사에 근무할 때 소음 때문에 너무 힘들었기 때문에, 결국 회사를 그만두고 자신의 회사를 시작하게 되었다고 한다. 그녀는 조용하게 있을 수 있는 시간이 허용되지 않았던 것이 정말 고통스러웠다는 말을 해주었다.

"회사에서 일할 때, 저는 하루종일 미팅을 하고, 프레젠테이션을 하고, 워크샵을 진행하고, 사람들과 이야기를 해야 했습니다. 문제는, 그걸로 충분하지 않았다는 거죠! 한번은 상사가 이렇게 말하더군요. '이 모든 것이 당신이 해야 하는 일입니다. 조금 더 좋은 커리어를 만들고 싶다면, 조직 내부 및 외부에 있는 고객들과 연결될 수 있는 네트워크를 구축해야 합니다.' 저에게는 너무 버거운 일이었어요."

라드하가 매일 잠깐이라도 혼자만의 시간을 가지고 조용하게 생각할 수 있도록 배려하는 것이 얼마나 업무의 효율성을 더 높일 수 있는지를 상사가 이해했다면 어땠을까. 다니엘 핑크(Daniel Pink)의 『WHEN: 언제 할 것인가(When: The Scientific Secrets of Perfect Timing)』에서 소개된 연구결과를 알고 있었다면 더 좋았을 것이다.[36] 이 책에서 핑크는 회사 밖의 자연으로 나가서 "짧은 휴식(micro-breaks)"을 취할 것을 제안한다. 건물 안에서 산책을 하는 것보다는, 외부로 나가는 것이 기분도 더 좋아질 수 있고, 에너지 충전도 훨씬 더 많이 할 수 있다는 것이다.

회사에 조용하게 일하고 생각할 수 있는 공간이 마련되어 있다고 응답한 사람은 우리의 2019년 일터 서베이 참가자 중 25%밖에 되지 않았다. 하지만 다행히도, "조직에서 구성원의 침묵을 수용한다는 것은 이렇게 하는 것이다"라는 모범사례를 보여줄 수 있는 회사들이 존재한다. 패럴랙스 프레스(Parallax Press)는 캘리포니아 버클리에 있는 출판사이다. 이 조직에서는 업무시간 중에 정기적으로 하던 일을 멈추고 조용히 마음을 정리하는 시간을 가질 것을 구성원들에게 권한다. 매일 명상을 하는 시간이 정해져 있고, 근무시간 중에 마음챙김 프로그램에 참여할 수 있도록 되어 있다.

명상에 대한 책을 쓴 실비라 부르스테인(Sylvia Boorstein)이 패럴랙스 프레스를 방문했던 적이 있다. 직원들이 "얼음땡 놀이(freeze tag)"와 같은 행동을 하는 것을 보고 처음에는 좀 이상하게 느꼈다고 한다. 하지만, 그러한 시간을 가짐으로써 구성원들은 자기자신에 대해 성찰하고, 천천히 호흡하고, 현재의 상황을 찬찬히 살펴보는 기회를 가질 수 있다는 것을 이해하게 되었다고 이야기했다.37 (소음으로 가득한 일터에서 침묵을 수용할 수 있는 방법을 더 알고 싶다면, 내향성-친화적 일터 설계에 대한 5장을 참고하길 바란다.)

자신의 내면에 집중하는 조용한 시간을 가질 수 있도록 환경조성을 해주는 다른 사례들을 보면, 조직에서는 업무시간이 아니면 일에 관련된 커뮤니케이션을 하지 않도록 보호해주고 있다. 프로젝트 관리와 팀 소통을 위한 소프트웨어 회사인 베이스캠프(Basecamp)는 이러한 규정을 잘 지키려고 애쓰는 회사들 중 하나이다.38 조직에서는 주당 40시간의 업무시간을 지키고, 퇴근후와 주말에 이메일 답장을 하지 않도록 권장하고 있다. 내향적인 사람들뿐 아니라 많은 구성원들은 이러한 환경 속에서 에너지를 재충전해서, 출근했을 때에는 몰입해서 일할 태도를 갖출 수 있다고 나는 확신한다.

마지막으로, 조직에서 침묵을 수용하는 분위기를 조성하게 되면, 실제 업무소통에도 도움이 된다는 사실을 인식하는 것이 중요하다. 3장에서 내향적 구성원들을 리딩하는 방법에 대해 검토했던 것을 기억해보면, 내향적인 사람들은 자신의 생각을 정리해서 입밖으로 꺼내어 말을 하기까지 시간을 필요로 하는 경우가 많다. 업무소통 중에 침묵이 생겼을 때 억지로 그 빈 공간을 채우려 애를 쓰는 것보다는(그때 느껴지는 불편함과 어색함은 또 얼마나 큰가), "대화 중의 침묵을 존중하기" 위해 노력해보는 것이 훨씬 바람직하다. 우리의 2019년 일터 서베이에 참가한 몇몇 응답자들도 이와 비슷한 이야기를 해주었다.

내향적 구성원에게 친화적인
일터 만들기

내가 진행했던 워크샵 참가자였던 로간(Logan)이 공유해주었던 자신의 경험 이야기가 생각난다. 자신과 외향적 동료들은 '내향적 팀원인 휴(Hue)가 생각을 정리하기 위한 시간을 더 필요로 한다'는 사실을 인식하지 못했다는 것이다. 그냥 단순하게, '휴는 이야기할만한 괜찮은 아이디어가 별로 없나보군' 정도로 생각했다고 한다. 하지만 대화중 침묵을 존중하는 것이 얼마나 중요한지에 대해 배우고 난 후부터, 그들의 업무 대화는 매우 다른 분위기를 띄게 되었다.

휴의 이야기에 귀를 기울이고, 그녀가 말하는 가치있는 아이디어를 들을 수 있게 된 것이다.

사람들이 생각을 공유할 수 있는 안전한 환경을 제공하자

함께 시간을 보내고 상대방을 하나의 인간으로서 존중하는 것을 배우게 될 때, 사람들은 진정한 연결관계를 맺게 되며, 보다 많이 마음을 열고 대화하게 된다는 사실을 우리는 알고 있다. 앞에서 언급했었던 아리스토텔레스 프로젝트에서, 하버드 경영대학원 교수 에이미 에드먼드슨(Amy Edmondson)은 심리적 안전감을 느낄 수 있는 환경에 대해 설명해주었다. "팀구성원들은 '우리 팀은 대인관계를 맺는 과정에서 생기는 위험을 감수할 수 있을만큼 안전하다'는 믿음을 가지고 있다." 1999년 연구에서, 에이미는 심리적 안전감에 대한 정의를 이렇게 내렸다. "누구든지 자신의 의견을 이야기할 때, 팀에서는 어느 누구도 그 사람을 당황스럽게 하거나 무조건 거부하거나 처벌하지 않을 거라는 확신감". 심리적 안전감은 구성원들이 서로를 편안하게 여기는 대인간 신뢰와 상호적 존

중으로 표현되는 팀의 분위기를 말한다.**39**

조직에서 구성원들의 심리적 안전감을 강화해줄 수 있는 방법들 중 하나는, 직원 커뮤니티(employee resource group: ERGs)를 후원해서 사람들이 흥미를 가지고 있는 다양한 주제에 대해 이야기할 수 있는 장면을 많이 만들어주는 것이다. 조직은 포럼을 통해 조직구성원들이 긍정적인 연결관계를 맺고, 소수집단(예: 여성, 유색인종, 내향적 사람 등)들이 험난한 조직 정치판에서 어떻게 살아남을 수 있을지에 대해 개방적으로 토론할 수 있는 장을 조성해주게 된다.

딜로이트 컨설팅(Deloitte Consulting)과 같은 회사는 직원 커뮤니티 수준을 넘어서서, 포용성 위원회(inclusion councils)를 만들고 구성원에게 하나의 라벨만을 붙여서(예: 소수인종, 여성, 내향적인 사람 등) 차별하는 것이 아니라, 다양한 집단의 니즈에 관심을 가지기 위해 노력하고 있다. 딜로이트 컨설팅의 인사담당리더인 에리카 볼리니(Erica Volini)에 따르면, 이 다양성·포용성 위원회는 구성원들이 직접 선택한 주제들(예: 노령 부모 돌보기, 일과 개인적 삶의 균형, 내향적인 사람으로서 리더 역할을 수행하고 회사업무에 기여하기, 자폐증 등)에 대해 논의한다.

위원회에서는 다양한 사람들이 개방적으로 토론하고, 새로운 방법으로 서로를 이해할 수 있도록, 안전하게 생산적인 정보를 얻을 수 있는 환경을 조성해준다고 한다.**40**

쉐릴 코필드(Cheryl Cofield)는 조지아, 아틀랜타에 있는 조지아 공과대학의 문화, 포용, 몰입 담당부서 디렉터이다. 쉐릴 또한 내향적 리더이기 때문에, 우리가 8년 전 이야기를 할 때에도 내향성이라는 주제에 관심을 가지는 것의 중요성을 잘 알고 있었다. 쉐릴과 팀 구성원들은 내향적인 사람들이 모이는 직원 커뮤니티를 구성하였고, 참가자 수가 300명까지 늘었다고 한다.[41] 이렇게까지 큰 성공을 거둔 프로그램을 시작으로 하여, 내향성-친화적인 일터를 만들기 위한 노력의 범위를 확장시켜왔다(감정의 기복이 심한 구성원들까지 포함해서!). 그리고, 자신의 전문분야에서 성공을 거둔 내향적인 공공기관 구성원들을 초청해서 이야기를 듣기도 했고, 내향적인 구성원들이 모여서 함께 이야기를 만드는 행사를 해보기도 했으며, 구성원들이 같이 색칠놀이를 하는 날을 만들기도 했다.

직원 커뮤니티나 다양성 위원회와 같은 모임들은 조직에 있는 내향적인 구성원들을 조금 더 효과적으로 포용할 수 있는 환경을 조성할 가능성을 높여주게 된다. 내향적인 사람들을 위한 프로그램에 사람들이 적극적으로 참여하고 지원을 제공하게 되면, 조직의 긍정적인 변화를 지속시킬 수 있을 것이다. (부록에 실어놓은 내향성-친화적 환경조성을 위한 프로그램을 참고해보면, 내향적인 사람들이 어떤 특성을 가지고 있는지, 그리고 어떤 식으로 대화를 하는 것이 효율적인지에 대해 파악할 수 있을거라 생각된다).

내향성-친화적 커뮤니케이션 프로그램이 잘 기능하지 못하도록 하는 일상적 방해물들

다양한 특성을 가진 구성원들을 포용할 수 있는 조직 커뮤니케이션 문화를 강화하는 작업을 하는 과정에서, 발생 가능한 위험요소들이 몇

가지 있다.

위험요소는 어떤 것이 있는지, 그 장애물을 현명하게 피해갈 수 있는 방법에 대해 지금부터 정리해보도록 하자.

위험요소: 오래된 습관으로 돌아가기

조직에서 업무대화를 할 때 내향적인 구성원에 대한 고려를 지속적으로 해주고, 내향성-친화적 커뮤니케이션이 강화되는 분위기가 아닌이상, 조직의 규준은 "목소리 큰 사람이 이기는" 분위기로 아주 쉽게돌아가버리게 된다. 예를 들어, 몇몇 회사들에서는 생산성을 높이고더 좋은 성과를 만들어내기 위해 조용히 혼자 일하는 시간을 의도적으로 만들었다. 하지만, 전체적인 조직 문화가 변화하지 않는 상황에서당연히 새로운 제도는 얼마 지나지 않아 흐지부지되어버렸다. 우리의2019년 일터 서베이에 참가했던 응답자는 "한동안은 조용히 혼자 시간을 보낼 수 있는 공간이 마련되었었는데, 곧 그 공간은 물건들을 쌓아놓는 창고로 변해버렸습니다."라는 이야기를 해주었다.

조직개발분야의 선구자인 에드 샤인(Ed Schein)을 포함한 많은 전문가들은, 조직문화의 진정한 변화가 이루어지려면 반드시 최고 경영진의 시각부터 변화해야 한다고 믿는다. 컬처랩(CultureLab) 팟캐스트에서 진행했던 인터뷰에서, 에드는 이런 이야기를 해주었다. "경영진이행동하는 것, 경영진이 관심을 가지는 것, 경영진이 촉진하고 보상을하는 것을 기반으로, 조직의 문화가 만들어지게 됩니다."[42]

2019년 일터 서베이의 한 응답자 또한 샤인의 말에 공감하며 말해주었다. "시니어 리더십은 내향적 구성원들의 특성에 대한 수용을 어떻게 하는지에 대해 직접 자신의 행동으로 모델링을 해주어야 합니다."

내향성에 대해 긍정적인 표현하기

언젠가 어떤 국제적인 컨설팅 회사의 부회장이 조직의 세일즈팀을 대상으로 내향적 리더십에 대한 프로그램을 운영해달라고 요청했던 적이 있다. 부회장은 나에게 어떤 요청을 했을까? "내향적인 영업직원들을 외향적인 사람으로 바꾸어 주세요." 농담이 아니었다. 내향적인 사람들이 원래부터 가지고 있었던 많은 강점을 기반으로, 그들도 성공적인 영업전문가가 될 수 있다고 설득해보려 했지만 실패했고, 나는 그 프로그램 제안을 거절할 수밖에 없었다.

내향적인 사람들의 특성을 존중하는 커뮤니케이션 정책과 규정을 수립하고 싶다면, 우선 내향성에 대한 진실을 파악하고, 개방적으로 이해하려는 마음이 중요하다. 내향성 포용정책이 효과를 발휘하는 문화를 튼튼하게 구축하고 싶을 때, 고위 경영진들이 해보면 좋을 일이 있다. 숙련된 심리검사 전문가와 함께 MBTI와 같은 성격검사 워크숍을 해서 다양한 커뮤니케이션 스타일들이 각각 가지고 있는 가치에 대해 이해를 하는 것이다. 그러한 기회는, 다양한 특성의 가치에 대해 배우고 파악할 수 있는 좋은 시작점이 될 것이기 때문이다. 우리의 2019년 일터 서베이에 참가한 응답자들 중 절반 정도는, 팀에서 같이 MBTI 검사워크숍을 해보았던 것이 팀구성원들의 협업 효율성을 높여주는 데에 도움을 주었다고 대답했다.

조직의 정책이 바뀐다고 해서, 구성원들의 행동이 곧바로 변화하지는 않는다

내향성-친화적 커뮤니케이션에 대한 커다란 변화는, 대부분 시니어 리더들이 적극적으로 행동변화를 지지하고 지원할 때 일어나긴 하지만, 실제 모든 구성원들의 행동을 불러일으키기에는 무리가 있다. 조직의 중간관리자들이 기존과 다른 커뮤니케이션 스타일을 수용하고 포용해야 하는 이유에 대해 납득하지 않는다면, 기대하는 변화가 일어날 가능성은 없을 것이다.

진정한 변화는 조직의 정책 수준이 아니라, 구성원들 가운데에서 일어나야 하며, 실제 업무 현장에서의 행동이 수반되어야 한다. 내 동료이자 내향성이라는 주제를 다룬 베스트셀러 작가인 수잔 케인(Susan Cain)은, 동료가 내향적이든 아니든 간에 누군가와 함께 일할 때에는 상대방의 독특한 선호도에 대해 신경을 쓰고 존중해줘야 한다고 조언한다. 수잔은 "구성원들과 팀 간에 솔직하고 개방적인 대화를 가질 수 있도록 지원하는 것"이 중요하다고 이야기하면서, 다음과 같은 질문들을 추천했다.

"이상적으로 생각해보면, 하루에 미팅을 몇 개 정도 하는 것이 좋을까요?"
"업무를 어떤 식으로 진행하는 것이 좋을까요?"
"에너지 재충전은 주로 어떻게 하는 편인가요?"

케인의 이야기에 따르면, 일부 내향적인 사람들은 쉽사리 마음을 열지 못하는 경우가 있기 때문에, 그런 경우에는 팀에게 참고자료를 제공해주는 것이 좋다고 한다. 높은 자리까지 승진하고, 성공한 내향적인 사람들에 대한 이야기나, "조직내에서 자신이 내향적인 특성을 가지고 있다는 이야기를 공개적으로 하고자 하는 리더"에 대한 이야기를 담은 자료 말이다.**43**

이와 같은 학습 자료를 활용해서, 팀 구성원들이 더 좋은 아이디어를 산출해내고, 창의성을 높이게 된다면, 내향성-친화적 행동은 전체 조직으로 퍼져나갈 가능성이 더 높아질 것이다. 그러면 당연히 전체 조직의 성과와 생산성에 긍정적인 영향이 미치게 될 것은 당연하지 않겠는가!

결론

무조건 대화를 많이 한다는 것이 중요하다고 생각하지 않는다. 의미있는 커뮤니케이션의 기반은 신뢰와 이해이니까 말이다. 내향적인 사람들에게 있어서 신뢰와 이해는 특별히 더 중요하다. 그들의 조용한 특성 때문에, 사교성이 없거나 접근하기 힘든 사람으로 보여지기 십상이기 때문이다. 하지만, 내향적인 사람들이 자기자신의 언어로 이야기를 할 수 있는 시간과 공간을 충분히 가지게 된다면, 리더와 동료들은 이 신중한 구성원들이 대화에서 공유해줄 수 있는 자원이 매우 많다는 것을 알게 될 것이다.

핵심 요약 충분한 시간을 가지고 내향적인 동료들을 알아가도록 하자. 그리고, 1대1 대화를 통해 그들이 선호하는 대화 방법을 배워보기를 권한다.

내향적 구성원과 커뮤니케이션을 할 때의 5가지 유의점

1. 대화가 계속 이어지지 않고 중간에 잠깐씩 끊기면서 침묵이 생기는 것을 수용하자. 그 침묵을 통해 내향적 사람들은 충분히 생각할 수 있는 시간과 공간을 얻을 수 있게 된다.

2. 커뮤니케이션 방법에 대해 유연한 태도를 가지자. 내향적 동료가 선호하는 방법을 활용하게 되면, 소통 채널을 지속적으로 열어놓을 수 있고, 신뢰도와 연결관계를 강화시킬 수 있게 될 것이다.

3. 내향적 구성원들이 예상치 않은 상호작용을 해야 할 때 느끼게 되는 스트레스를 감소시키기 위해, 조직내/외부에서 언제, 어떻게 소통을 하는 것이 바람직할지에 대한 가이드라인을 만들어보자.

4. 내향적 구성원들이 함께 어울릴 동료들을 찾을 수 있고, 자신의 니즈와 도전과제를 안전한 환경에서 논의할 수 있는 구성원 포럼을 구성해주자.

5. 고위 경영진이 내향적인 구성원들을 지지하고, 그들과의 상호작용을 어떻게 하는 것이 바람직한지에 대해 모델링을 보여줄 수 있도록 설득할 계획을 세워보자. 그리고, 시니어 리더들이 아직 내향적 구성원들을 포용할 준비가 되어 있지 않다면, 당신 스스로 모델이 되어주도록 하자.

5장

일터 환경 설계하기

"혼자 조용하게 일할 수 있는 공간이 좀더 많이 있었으면 좋겠습니다. 지금 우리 회사에는 빈 여유 공간이 몇 개밖에 없구요. 거기에서조차 혼자 집중 작업을 하겠다고 하면 위에서 좋은 소리가 나오지 않지요."

– 2019년 일터 서베이 응답자

내가 학교 상담자로 일했던 때, 매주 방문했던 학교들 중 한 곳은 상담할 수 있는 공간이 항상 부족했었다. 학생, 교사, 학부모를 만나는 공간으로 사용하라고 그 학교에서 나에게 준 방은 빗자루 창고였다! 빗자루들에 둘러싸여 앉아 있어야 하는 창고는 진지하게 1대1 대화를 할 수 있는 이상적인 공간은 아니었지만, 어쨌든 나는 해야 할 일을 해냈다. 다양한 종류의 청소 도구와 세제들 가운데 앉아서, 나는 학생들에게 유연성에 대한 조언을 했던 것 같다.

현재와 같이 개방형 사무실이 유행하고 있는 시대에 살고 있는 내향적 구성원들에게 내가 들었던 공통적인 이야기는, 어떻게든지 현재 공간에서 유연하게 일을 해내기 위해 최대한 많은 방법을 찾아내려고 애쓰고 있다는 것이었다. 최근에는 비용절약과 협업강화에 대한 기대 때문에 전국적으로 사무실 구성이 폐쇄형 사무실에서 개방형 사무실로 옮겨가고 있다. 2017년 연구결과를 보면, 미국의 사무실 중 70%가 개인 업무공간들 사이에 파티션이 아예 없거나 아주 낮은 것만 설치되어 있는 것으로 나타났다.44

이와 같은 개방형 사무실(open-plan workplaces)은 내향적인 구성원들에게는 끔찍한 곳이라서 생산성과 창의성이 낮아질 거라고 생각하는 사람도 있을 것이다. 사실 그렇기도 하다. 개방형 사무실 공간에 대해 내향성 전문가들이 많이 염려하는 이야기를 자주 듣곤 했다. 전문가들의 말에 의하면, 그러한 환경에서는 일을 제대로 해내기가 어려우며, 성과에도 부정적 영향을 미친다고 한다. 협업의 효과 극대화를 강조하다 보니까, 주위 동료들의 대화로 인한 소음과 주의집중 어려움에는 신경을 쓰지 못하는 것이다. 그러다보니 내향적인 구성원들은 프라이버시가 심각하게 침해된다고 불평하게 된다. 조용하게 혼자 일할 수 있는 시간을 적절하게 제공해주면 내향적인 사람들은 생산성을 최고로 올릴 수 있다는 것을 우리는 이미 알고 있다. 안타깝게도, 그와 같은 상황은 개방형 환경에서는 제대로 만들어지기가 어렵다.

우리의 2019년 일터 서베이 응답자들(80%가 내향적인 사람들이었음)에게 회사에 기대하는 내향성-친화적 일터 세팅은 어떤 것이냐고 물어보니, 많은 사람들은 현재의 개방형 환경과는 전혀 반대의 이야기를 해주었다.

내향적 구성원에게 친화적인
일터 만들기

"8~10년 전과 같이, 필요할 때에는 문을 닫을 수 있는 개인 사무실 시대로 돌아갔으면 좋겠습니다(그렇다고 해서, 칸막이가 가득한 박스 공간이 가장 이상적이라는 것은 아닙니다)"

"개방형 사무실의 컨셉 계획 따위는 없애버리고, 다시 개인공간을 보장해주는 환경 구성을 해주기를 바랍니다."

"칸막이가 가득한 박스 공간보다는 다른 사무실 환경을 구성해주었으면 좋겠습니다. 지금은 일에 집중하기가 너무 어렵습니다. 헤드폰을 쓰지 못한다면, 현재 사무실에서는 전혀 일을 못할 지경입니다. 개방형 사무실이라니! 개나 물어가라죠!"

그렇다고 해서, 모든 내향적인 사람들이 개방형 일터 공간을 싫어하는 것은 아니다. 놀랍게도 우리가 진행한 서베이 응답자 중 38%는, 현재 회사에서는 오픈 플로어(open floor) 정책을 가지고 있지만, 좀더 생산적으로 일할 수 있는 옵션을 선택할 수 있다고 한다. 물리적인 문이 없기 때문에, 실제적으로 동료들과의 상호작용을 좀더 많이 하게된다는 것이다. 그리고, 프라이버시가 필요할 때에는 개인공간을 조성하는 간단한 방법을 찾을 수 있다고 한다(예: 헤드폰 쓰기).

5장에서 우리는 개방형 업무 환경이라는 트렌드 속에서 내향적 구성원들이 찾아볼 수 있는 혜택에 대해 리뷰해볼 계획이다. 그리고 외향적·양향적 구성원들과 마찬가지로 내향적 구성원들에게도 다양한 옵션을 제공해줄 수 있는 일터를 조직이 설계하려면 어떻게 해야 할지에 대해 조금 더 심층적으로 파악해보려고 한다. 우선은, 모든 조직 구성원들에게 효과적인 일터란 어떤 요소를 가지고 있는지에 대해 생각해보자.

효과적인 일터를 설계한다는 것은, 협업과정, 사교활동, 집중작업들이 자연스럽고 원활하게 이루어질 수 있는 공간을 만든다는 의미이다. 개방형 사무실 구성이 협업과 사교활동을 강화하는 데 도움이 되기는 하지만, 집중작업을 하기에는 프라이버시 보장이 어렵기 때문에 문제가 생길 수도 있다. 하지만, 언제나 꼭 그렇지는 않다. 이에 대해서는 조금 후에 이야기를 해보도록 하겠다.

어떤 연구에서는 이런 제안을 한다. 구성원들이 최적의 기능을 할 수 있도록 사무실 공간이 설계되려면, 개방형 사무실과 프라이버시가 존중되는 공간이 동시에 존재해야 한다고 말이다. 인테리어 회사 젠슬러社에서 600곳의 기업을 대상으로 진행한 대규모 연구결과를 보면, 혁신적인 기업에 근무하는 구성원들은 세심하게 신경써서 정교하게 기획한 업무공간을 가지고 있었다(개방형의 여부와는 상관없이). 혁신적인 회사들은 소그룹 협업작업을 할 수 있는 컨퍼런스룸(물리적 공간과 가상 공간 모두), 개방형 미팅 공간, 조직내부와 외부를 연결할 수 있는 공간을 핵심적인 설계요소로 생각하고 있었다. 젠슬러의 대표인 자넷 포그 맥로린(Janet Pogue McLaurin)도 서베이에 참가한 외향적 구성원들과 내향적 구성원들이 제공한 피드백 사이에 별 내용 차이가 없었다고 말했다. 즉, 구성원의 성격유형이 어떤 것이든 간에, 모든 구성원들이 원하는 이상적인 일터라는 것은, 최고의 성과를 낼 수 있는 환경 조성이 가능한 유연성이 존재하는 곳이라는 의미였다(보다 유연한 업무 옵션에 대해서는 리모트 워크를 다루고 있는 6장을 읽어보길 바란다).

내향적 구성원에게 친화적인
일터 만들기

"우리가 매일 다루어야 하는 업무의 성격은 지속적으로 변화합니다. 어떤 때에는 혼자 집중해야 하고, 다른 때에는 협업을 해야 하고, 뭔가를 새로 배워야 할 때도 있고, 사람들과 어울려서 이야기를 해봐야 할 때도 있죠."라고 맥로린은 설명했다.

"예를 들어 에스프레소 머신 주위에 모여서 사회적 관계를 맺는 것도 신뢰를 쌓을 수 있는 방법이고, 그 결과 창의성이 높아질 수도 있다고 생각합니다."[45]

에스프레소 머신 앞에서건, 회의실 테이블에서건 간에, 구성원들간의 커뮤니케이션이 자연스럽고 편안하게 이루어지는 것이 효율적인 일터의 핵심 요소인 것이다. 그래서, 내향적 구성원들이 개방형 사무실 환경 때문에 겪는 불편함도 있지만, 얻을 수 있는 긍정적인 부분도 분명히 있다. 이에 대해서는 지금부터 이야기해보도록 하자.

개방형 사무실 환경에서 내향적 구성원이 얻을 수 있는 혜택

개방형 사무실은 무조건 내향적 구성원들에게 부정적인 영향을 줄 수밖에 없다는 내 선입견을 변화시킨 곳을 방문했던 적이 있다. 내가 진행했던 다른 연구에서도, 내향적인 사람들이 개방형 사무실에서 얻을 수 있는 세가지 긍정적인 점은 팀 협업, 다양한 이해관계 부서들과의 연결관계, 자연스러운 어울림이라는 결과가 나타났다.

팀 협업

CAS는 오하이오, 콜럼버스 지역에 있는 미국 화학 학회에 소속된 부서이다. 예전에 CAS에서 생산기술과 운영조직의 디렉터로 일했던 조 셰스트럼(Joe Sjostrom)은 명석한 내향성 리더로서, 기존의 폐쇄형 사무실을 개방형 사무실로 구성을 바꾸었을 때의 경험에 대해 이야기 해주었다. 처음에는 이러한 변화를 만드는 것에 대해 매우 회의적이었 지만, 이제는 예전으로 다시 돌아갈 수 없을 것 같다는 생각이 든다고 한다. 조의 사무실은 개방형 사무실의 정중앙에 위치하고 있었고, 바 로 그 옆에는 고양이 밥그릇이 놓여 있었다. 그 회사에는 고양이가 살 고 있었고, 자유롭게 돌아다니면서 모든 구성원들과 편안하게 어울리 는 곳이었다.

조는 나를 데리고 회사 내부를 구경시켜주면서 새로운 업무과정 시 스템인 애자일(Agile. 교차기능적인 팀과 최종 이용자들의 자기주도적인 협 업을 통해 업무흐름과 솔루션을 만들어내는 시스템)에 필요한 사항을 갖추기 위해 CAS가 건물의 많은 부분들을 어떻게 바꾸었는지 설명해주었다.

변화 이전: 잠수함처럼 좁고 긴 복도   변화 이후: 개방형 사무실

조직의 모든 업무과정은 구성원들간의 지속적인 토론과 연결관계 관리를 기반으로 이루어지고, CAS는 새로운 개방형 일터 공간 설계를

통해 그들을 지원해준다. '변화 이전' 사진을 보면, 여러 개의 작은 사무실들이 '잠수함 복도'를 따라 늘어서 있지만, '변화 이후' 사진을 보면 새로운 개방형 사무실 구성이라는 것이 어떤 것인지 이해할 수 있을 것이다.

업무 환경이 점진적으로 발전함에 따라, 소프트웨어 엔지니어들(한마디로, 내향성 수준이 매우 높은 집단)은 이와 같은 새로운 환경에 매우 긍정적인 방향으로 적응할 수 있었다. 내향적인 구성원들이 새로운 개방형 일터공간에서 자신이 가진 자원을 마음껏 펼칠 수 있었던 이유에 대해 조는 이렇게 설명했다.

> "개방형 사무실은 내향적 구성원들에게 긍정적인 영향을 미칠 수 있다"라는 말에 많은 사람들은 고개를 갸웃할 거라 생각합니다. 우리 내향적인 사람들은 쉽사리 행동을 변화시키지 않는 편이고, 스스로를 고립시키려고 한다는 선입견까지 존재하고 있습니다. 하지만, 제 경험에 비추어보면, 인간은 새로운 환경에 매우 잘 적응할 수 있는 존재입니다. 실제로 따돌림을 당하는 것이 아니라면, 개방형 업무환경도 좋은 점을 많이 가지고 있기 때문에, 전체적인 팀 생산성은 얼마든지 상승될 수 있습니다. 잠수함 복도를 따라 개인 사무실이 늘어서 있던 시대에는 우리가 도대체 어떻게 일을 할 수 있었는지 저는 이해가 잘 가지 않습니다!

조의 말에 의하면, 대부분의 팀 구성원들은 소소한 사교적 대화에 어울리는 법을 배우기 시작했고, 동시에 자신의 주장을 내세워야 한다고 생각될 때 용기를 내어 말을 꺼내는 모습도 보이게 되었다. 주의집중이 잘 안될까봐 걱정되어 주문했던 헤드폰을 써야 하는 경우는 그다지 많지 않았다고 한다. 협업 프로그램 개발 부서에서는 기대했던 성과를 많이 만들어냈고, 기존의 모습으로 돌아가지 않았다.

다양한 이해관계 부서들간의 상호작용

내 책을 만들어주는 베렛-쾨흘러(Berrett-Koeheler, BK) 출판사에서는 몇 년 전 캘리포니아 오클랜드에서 샌프란시스코 시내로 사무실을 옮겼다. 회사의 규모도 많이 커졌고, 월세도 많이 올랐기 때문이었다. 예전의 회사는 몇몇 임원들이 개인 사무실을 가지고 있는 어두컴컴하고 비좁은 공간이었지만, 새로 옮긴 사무실은 완전히 개방된 환한 공간이었다. 구성원들 사이를 막고 있던 높은 벽이 말 그대로 없어져 버린 것이다.

이사를 하기 전, 나는 BK 출판사에 근무하는 내향적 구성원들 몇 명에게 개방형 환경으로 옮겨가는 것에 대해 어떻게 느끼는지 물어보았다. 프라이버시 보장이 안 되다보면, 생산성 자체도 떨어지지 않을까 하는 두려움과 염려가 어느 정도 있다는 대답이었다. 하지만, 6개월이 지난 후 다시 질문하니, 긍정적인 피드백이 훨씬 더 많아졌다. 놀랍게도 가장 내향성 수준이 높게 나타났던 구성원들 중 몇몇은 회사의 편집부, 마케팅부, 제작부 사람들과 우연히 마주쳤을 때, 매우 큰 도움이 되는 대화를 하게 되었다는 이야기를 해주었다. 직접 대화에 참여하지 않을 때라도, 프로젝트가 어떻게 진행되고 있는지에 대한 새로운 소식

내향적 구성원에게 친화적인
일터 만들기

을 어깨너머로 들을 수 있었고, 그러한 정보는 자신의 일을 하는 데에 도움이 되었다고 한다.

이전에는 미처 알지 못했던 프로젝트에 대해서도 유용한 자원과 아이디어를 제공할 수 있었다는 이야기도 들을 수 있었다.

미팅과 전화 컨퍼런스를 할 수 있는 회의실을 많이 마련해준 것도 성공 요인들 중의 하나였던 것같다. 다른 회사들과 마찬가지로, BK에서도 어느 정도의 리모트 워크를 할 수 있는 유연제도를 마련해주었고, 그로 인해 사람들이 혼자 일을 진행해볼 수 있는 시간을 가지면서 생산성을 높이게 되었다. 5장 마지막 부분을 보면 근무유연제도의 옵션들을 모아놓았고, 6장에서도 리모트 워크 세팅에 대해 정리해놓았으니 참고하기 바란다.

자연스러운 사교활동

내향적인 사람들은 1대1 대화를 할 때 이야기를 더 잘 하는 편인데, 개방형 사무실 공간을 구성하게 되면, 이와 같은 일이 조금 더 자연스럽고 손쉽게 일어날 수 있게 된다. 예를 들어 보자. 스티브 잡스(Steve Jobs)는 픽사(Pixar)를 디자인할 때, 의도적으로 두 개의 화장실을 사무실 공간 중앙에 위치시켜서, 사람들이 자연스럽게 얼굴을 마주칠 수 있도록 했다. 평소에는 얼굴을 볼 일이 없는 동료들과 화장실에 나란히 서서 손을 같이 씻으면서 '화장실에서 떠오른 창의적인 아이디어'를 나눌수 있었던 것이다. 물리적 공간 설계에 조금 더 섬세하게 신경을 쓰게 된다면, 내향적인 구성원들도 다른 동료들과 편안하게 어울리면서, 네트워킹을 통해 자신이 원래 가지고 있었던 자원을 더 발전시킬 수 있게 될 거라 생각된다.

내향적 구성원을 위한 개방형 사무실을 설계할 때 유의할 점

내향적인 구성원들에게 친화적인 개방형 공간을 설계할 때 고려해야 할 도전과제는 세가지로 나누어 볼 수 있다. 커뮤니케이션, 프라이버시의 부족, 주의집중의 어려움. 한가지씩 살펴보도록 하자.

커뮤니케이션

비용감소 문제를 떠나서, 개방형 사무실의 목적들 중 하나는 사람들간의 커뮤니케이션을 촉진하고, 집단적 창의성을 높이는 것이다. 어떤 작가의 표현대로, 벌집에 있는 꿀벌들 같이 말이다.

안타깝게도, 연구결과들은 항상 이 기대를 충족시켜주지 않았다. 사실, 매우 많이 인용되었던 하버드대학 연구 결과에 따르면, 개방형 사무실의 설계는 실제 대면 커뮤니케이션을 70%까지 감소시켰고, 오히려 이메일과 문자메시지를 더 많이 사용하도록 했다고 한다.[46] 사람들은 오히려 사무실 동료들로부터 멀어졌던 것이다. 개방형 사무실로 구성을 바꾼 후 오히려 생산성이 떨어지기까지 했다. 문제는 연구 샘플 사이즈가 너무 작았다는 것이다. 베렛-쾨흘러의 새로운 개방형 사무실에서는 초반에 이 이슈를 깨닫고 논의를 시작했다. 일터에서의 대화가 줄어들었기 때문에, 갑자기 생긴 조용한 분위기가 오히려 당황스럽다고 느낀 사람들이 있었다는 것이다.

베렛-쾨흘러의 CEO인 데이비드 마샬(David Marshall)은 새로운 개방형 조직 환경에 대한 구성원들의 반응을 살펴보면서 이런 이야기를 하였다. "갑자기 생겨난 조용한 분위기 때문에 사람들은 더 이상 자연스럽게 사교활동을 하거나 관계구축을 하기가 어렵다고 느끼게 되었습니다. 왜냐하면, 다른 동료들이 자신의 컴퓨터에 코를 박고 있는 모습이 그대로 보여지기 때문이었습니다. 그러다보니 예전에는 자연스럽게 이루어졌던 소소한 대화들 대신에, 바로 옆에 있는 동료에게도 조용한 온라인 소통을 하게 된 것이지요."

이러한 문제상황을 타개하고 커뮤니케이션이 보다 활발하게 이루어지도록 하기 위해서는 어떻게 해야 할지를 파악하기 위해, 나는 HR에서 구성원들을 업무기능이나 팀명이 아니라 이름의 알파벳 순서대로 분류하기로 결정한 어떤 회사와 이야기를 해보았다. 아쉽게도 이 정책은 구성원들의 많은 저항을 받았고, 함께 일해야 하는 팀과 가까이 앉지 못하는 것은 매우 비효과적이라는 피드백이 나왔다.

프라이버시 부족

내향적인 사람들은 프라이버시를 매우 중요시한다. 외향적인 사무실 동료가 지나가다 멈추어서서 잡담을 하는 것을 항상 좋아하지는 않는다. 깊은 생각을 할 수 있는 개인적인 공간이 있기를 바란다.

윌리엄 벨크(William Belk)가 진행한 서베이 결과에 따르면, 구성원들 중 58%는 업무문제 해결을 위해 개인공간을 더 많이 필요로 한다고 대답했다.[47]

조직의 리더들이 옆에 서 있으면서 감시 레이더 같이 눈을 굴리고, 어깨너머로 자신이 하는 일을 넘겨다보고 있는 불편감을 느끼면서 내향적 구성원들이 효과적으로 과제를 해결하기란 어려운 일이다. 어떤 팀 구성원은 "사무실에 있는 모든 사람들이 내 실험이 성공할지 실패할지를 바라보고 있는 것 같은 상황에서 창의적인 위험 감수를 하려는 사람이 존재할 수 있을까"라며 회의적인 마음을 표현했다. 베렛-쾨흘러의 대부분의 구성원들은 프라이버시 부족 때문에 일에 최대한 몰입하기 어렵다고 보고했다.

주의집중 방해 및 소음

서베이에 응답한 내향적인 사람들은 자신이 가진 역량이 제대로 발휘되기 위해 조용한 환경이 얼마나 중요한지에 대해 항상 강조했다.

> "사무실이 파티션으로 나누어져 있기는 하지만, 사람들이 이야기하는 소리나 소음은 3-4개의 파티션을 지나서도 들립니다. 일하는 데 지장을 정말 많이 받아요."
> "파티션이 있다 해도 별 도움이 안됩니다. 외향적인 동료들이 하는 이야기는 여전히 모두 들려요. 그런 소음 속에 있다보면 내가 지금 하고 있는 일의 흐름을 놓치게 되죠."

내향적인 구성원들은 외향적 환경 안에서 지나치게 많은 자극을 받는 것을 좋아하지 않는다.[48] 모든 일이 바쁘게 돌아가는 개방형 조직에서는, 사람들이 가까이 왔다갔다 하는 움직임, 소음, 강한 빛 같은 요소들이 일의 방해요소로 기능할 수 있다. 따라서, 소음과 조명 관리에 세심하게 신경을 쓰게 되면, 효과적인 솔루션을 얻을 수 있다. 내향적인 구성원들이 필요로 하는 조용한 환경을 제공하는 방법에 대해서는 조금 후에 이야기해보도록 하겠다. 예를 들어, 2019년 일터 서베이 응답자들 중 한 명은 일터에서 조용한 시간을 갖고 싶다는 니즈를 표현하는 방법으로 조명을 사용한다는 말을 해주었다.

"우리 사무실에서는 일을 할 때 개인 스탠드 조명을 사용할 수 있도록 해줍니다. 항상 쓰는 것은 아니지만, 내 동료들은 내가 개인 스탠드를 켜고 있는 것을 보면, 일에 치어서 스트레스를 받고 있다는 것을 감지하고, 신경을 써주지요."

내향성-친화적 사무실 공간을 조성하는 방법

일자리를 찾고 있는 내향적인 사람들을 위해 조언을 제공하는 칼럼에서, 고용주 리뷰 웹사이트 glassdoor.com은 최소한 그 기업에 문이 달린 개인 사무실이 있는지를 확인해보라고 제안한다.[49] 내향적인 구성원들은 혼자 일할 때 더 좋은 성과를 낼 수 있다고 대부분의 사람들이 생각하고 있기 때문이다. 이 이야기가 일리가 있는 부분이 있지만, 오늘날의 세상에서 개인 사무실을 기대한다는 것은 다소 비현실적인 면이 있다. 그렇다면, 내향적인 구성원들은 일터 환경 구성에 대해어떤 것을 요구해야 할까? 그리고 더 중요한 것으로서, 현재와 미래의내향적인 구성원들이 성공적인 성과를 만들어낼 수 있도록 조력하려면 조직은 어떤 해결책을 만들어내야 할 것인가?

재능있는 인재들을 채용하고, 이상적인 사무실 공간을 기획하기 위해, 리더들은 현재 회사의 상황을 점검해보고, 효과적인 일터 구성을 할 수 있게 해주는 다른 요소들이 있는지 생각해보아야 하며, 내향적인 구성원들에게 생산성을 강화하기 위해서는 어떤 것이 필요할지에 대해 질문해볼 필요가 있다. 당신의 회사가 내향적인 구성원들에게 활기차고 지지적인 일터환경을 조성해주려면 어떤 일을 해야 할지에 대해 지금부터 생각해보도록 하자.

당신의 현재 일터를 평가해보자

컨설턴트의 시각을 가지고, 며칠 동안 당신의 사무실 공간을 관찰해보자. 조직구성원들이 지내기에 편안함을 느끼는 것 같은가? 확실히, 일터 문화라는 것은 구성원의 편안함 수준에 영향을 미치는 것이고, 그중에서도 물리적 공간은 큰 부분을 차지한다.

사무실에서 일을 할 때, 리모트 워크를 할 때 조직구성원들이 업무에 도움을 받는 것은 어떤 것이 있을까? 소속감은 어떨까? 업무가 진행되는 방법에는 어떤 차이가 있을까? 가장 중요한 것은, 사람들이 세가지의 활동을 할 수 있어야 한다는 것이다. 협업, 사교활동, 업무집중.

그리고 또 한가지 중요한 것은, 공동으로 쓸 수 있는 공간과 회의공간이 세심하게 설계되어야 한다는 것이다. 구성원들은 몇 개 없는 회의실을 차지하기 위해 눈치싸움을 해야 하는가, 아니면 손쉽게 활용할 수 있는 공간들이 충분히 마련되어 있는가? 카페테리아, 탕비실, 로비와 같은 공동 공간에서 사람들이 같이 시간을 보낼 수 있는가, 아니면 항상 각각 혼자의 시간을 보내는가? 실외 공간의 설계는 어떤가? 사람들이 회사 외부에서도 시간을 보낼 수 있도록 설계가 되어 있는가?

디자이너들은 화장실에 대해서도 진지한 고려가 필요하다고 이야기한다. 내향적인 사람들이 하루를 보내는 동안 프라이버시가 필요할 때 화장실로 도피한다는 사실은 이미 잘 알려져 있다. 그러므로 화장실 설계가 중요한 고려 대상인 것이다. 레스토랑의 고객 피드백 게시판에서 나타나는 가장 큰 불만은 화장실의 상태라는 것을 알고 있는가? 화장실은 어떤 물리적 환경에서도 핵심적인 부분인 것이다.

감각적 환경에 대해 초점을 맞춰보자

> 신체적인 긴장을 풀 수 있는 사람만이 마음의 긴장도 풀 수 있고, 그런 사람의 아이디어는 빛과 같이 자유롭게 흘러갈 수 있다.
>
> – 고대 로마 철학자 키케로(Cicero)

물리적인 공간 설계 외에도, 구성원들이 편안함을 느끼면서 효과적으로 일할 수 있게 해주는 다른 요소는 감각적 환경(sensory environment)이 있다. 뇌 연구 결과에 따르면, 내향적인 사람들은 빛과 소음에 더 민감하게 반응한다고 한다.[50]

몇가지 고려해볼 점들에 대해 생각해보자.

- 공간설계를 할 때 소음 관리에 대한 점검이 이루어졌는가?
- 사람들이 혼자 업무에 집중하고 싶을 때, 백색소음이나 헤드폰과

같이 활용가능한 도구가 있는가?

- 구성원들이 마음의 편안함을 되찾을 수 있는 자연(예: 나무나 식물) 공간이 건물내에 존재하는가?
- 눈이 편안한 조명이 설치되어 있는가? 그리고 사람들이 필요할 때마다 적절한 조명을 선택할 수 있는 세팅이 되어 있는가?

작가이자 역시 내향성을 가진 모라 애런스밀리(Morra Aarons-Mele)는 사무실의 환한 형광등 조명이 자신의 웰빙에 부정적인 영향을 미친다는 것을 깨달은 후에 사무실 공간에서 일하는 시간을 줄였다. 모라는 자신의 고통스러움이 얼마나 컸는지 이야기해주었다. "사무실 공간이 얼마나 잘 꾸며져 있느냐가 문제가 아니었어요. 저는 항상 머리 위에서 내리쬐는 형광등에 알레르기 반응이 있었어요. 그러다보니 언제나 편두통을 달고 살았죠. 하루에 10시간 이상 그 조명 아래에 앉아 있어야 하는 한, 행복하다는 기분을 느끼는 것은 불가능했어요."[51]

최근에 실리콘 밸리에 있는 한 기술회사를 방문했을 때, 나는 회사의 곳곳에 수많은 나무들이 심겨져 있어, 어디에나 초록빛 식물로 꽉 찬 벽이 설치되어 있는 것을 볼 수 있었다. 워싱턴 대학의 통합디자인 랩에서 진행한 연구결과에서도 햇빛과 초록빛 식물들을 볼 수 있는 공간에서 사람들은 기분이 좋아지고, 우울해질 가능성이 낮아지는 것으로 나타났다. 실내에 자연의 공간을 만드는 것은 스트레스를 줄여주고 생산성을 강화해주는 것으로도 알려져 있다.[52] 나무 몇그루를 더 심는다고 해서 아주 큰 예산이 필요한 건 아니니까 말이다.

내향적 구성원에게 원하는 것을 물어보았다

"사무실 문에 '방해금지' 사인을 걸어놓는 것도 좋을 것 같습니다."
"필요할 때 혼자 조용하게 일할 수 있는 공간을 마련해주었으면 좋겠습니다."
"완전한 개방형 사무실보다는 소규모 팀들을 위한 작은 공간들을 만들어주면 좋겠습니다."

자신의 의견을 잘 표현하지 않는 구성원들의 이야기에 귀를 기울이지 않게 되면, 결국 회사에서 (구성원의 건강증진을 위해) 써야 하는 예산은 늘어나게 되고, 사람들의 사기는 떨어질 수밖에 없다. 예를 들어보자. 최근의 무역 박람회에서 만난 화학자들은 자신의 이야기에 회사에서 관심을 주지 않아 좌절스럽다는 이야기를 해주었다. 그들의 연구실은 최근에 새로운 곳으로 옮겨갔는데, 사무실 공간을 디자인할 때 구성원들에게 의견을 묻는 경우는 한번도 없었다고 한다. 그렇다고 해서 누군가 나서서 이야기를 할만한 분위기도 아니어서 가만히 있었다는 것이다. 어떤 결과가 나왔을까? 콘센트 위치들은 전혀 적절하지 않았고, 테이블은 구성원들이 해야 하는 실험의 성격과는 전혀 맞지 않게 세팅되었다.

내향적인 구성원들, 그리고 소극적인 경향을 보이는 구성원들에게 신경을 써보자. 업무를 진행하는 과정에서 어떤 경험을 하는지에 대해 물어봐주고, 현재의 업무공간이 어떻게 변화했으면 좋겠는지 질문해보자. 유용한 정보를 많이 얻을 수 있을 것이다. 간단한 서베이를 진행해서 구성원들이 자신의 생각을 더 많이 표현할 수 있게 해주는 것도 좋다. 내향적인 사람들은 갑자기 다가와서 질문을 하는 사람에게 대답을 해야 하는 상황보다는, 천천히 생각해서 서면으로 이야기하는 것을 더 좋아하는 경우가 많기 때문이다.

당신의 조직에 있는 다양한 업무공간들을 점검해보고, 다른 산업분야의 회사들도 방문해서 좋은 사례들을 수집해보자. 이러한 견학을 갈 때 내향적인 구성원들을 동행시키는 것이 중요하다. 또는 구성원들에게 창의적인 계획을 수립하는 데에 도움이 될 것 같은 이상적인 사무실 공간의 사진을 찾아서 공유해달라고 부탁하는 것도 도움이 되겠다.

유연성을 높이고, 현재의 자원을 활용하자

현재의 업무공간이 가지고 있는 장점과 단점이 무엇인지를 이해하고, 구성원이 어떤 니즈를 가지고 있는지에 대해 더 명확하게 파악했다면, 이제는 디자인 전문가와 논의를 해서 조직의 계획을 가장 잘 실행할 수 있는 방법이 무엇인지를 알아볼 시기이다. 우리가 이전에 애자일 업무환경에 대해 이야기할 때 언급했던 CAS의 조 셰스트럼이 그랬듯이, 업무흐름에서 필요한 부분이 무엇인지를 생각해보자. 구성원이 가장 효율적으로 일할 수 있는 장소와 시기를 선택할 수 있는 권한을 제공해주는 것도 고려해봐야 할 일이다.

베렛-쾨흘러에서는, 1대1 미팅과 컨퍼런스콜을 할 수 있는 소규모 회의실을 충분히 만들어서, 내향적인 팀구성원들을 지원하고, 개방형

내향적 구성원에게 친화적인
일터 만들기

환경의 단점을 보완할 수 있도록 하였다.

보쉬(Bosch) 미국지사의 한 시니어 리더는 부하직원들이 유연한 근무옵션을 선택할 수 있도록 관리자들이 적극적으로 지원했으면 좋겠다는 제안을 하였다. 캘리포니아 서니베일에 있는 최첨단 업무공간에서는, 건물 주위에 혼자 일할 수 있는 편안한 의자들을 설치하고 개인 태블릿을 제공해주어, 구성원들이 가장 편안한 분위기에서 생산적인 일을 할 수 있도록 조력하고 있다. 긴장을 풀고 이완할 수 있는 공간을 만들어, 일에 대해서는 전혀 이야기하지 않는 '초콜릿 미팅'을 진행하도록 해준다! 한 내향적인 구성원은 자신의 업무공간에 대해 나에게 이런 이야기를 해주었다. "저희 회사의 모든 곳은 일할 수 있는 공간이에요. 반드시 앉아야 하는 자리가 있는 다른 회사와는 전혀 다르죠."

베를린에서 진행했던 내향적 리더를 위한 리더십 훈련 프로그램에서, 한 참가자는 어느 회사에서라도 곧바로 실행 가능한 멋진 아이디어를 제안하였다. 소규모 회의실 한 곳을 '고요한 방(quiet room)'으로 만들어서, 구성원들이 에너지를 재충전해야 할 때마다 갈 수 있도록 하는 것이다. 방에 푯말을 달아서, 사람들이 효율적으로 잘 쓸 수 있게 해주는 것이 중요하겠다.

나는 이 아이디어를 참 좋아한다. 왜냐하면, 내향적인 사람들은 자신의 성향을 중요하게 여기며, 현재 존재하는 자원을 활용해서 니즈를 충족시키고 싶어 하기 때문이다. 이 사례와 마찬가지로, 어마어마하게 많은 예산을 들여서 값비싼 사무실 디자인이 될 때까지 기다릴 필요가 없다. 주위를 둘러보고, 이미 가지고 있는 공간과 자원을 가지고 무엇을 할 수 있을지에 대해 생각해보자.

이 사례는 일터에 '조용한 방' 또는 '재충전의 방'을 두는 것이 요새 점점 더 유행하고 있는 트렌드라는 것을 잘 보여주고 있어서, 이 이야기를 나는 참 좋아한다. 사무공간 기획 회사인 오피스 스페이스社는 이런 제안을 한다. "개방형 사무실을 설계할 때에는, 구성원이 원할 때 조용하게 일할 수 있는 공간을 반드시 설치할 수 있도록 신경을 쓰는 것이 중요합니다. 오늘날의 개방형 사무실(대부분의 구성원들이 노트북을 가지고 있어서, 사무실의 어떤 곳에서도 일할 수 있는 환경)에서는, 내향적인 사람들(그리고 어렵고 골치아픈 일을 할 때 잠깐 혼자 생각해보고 싶은 구성원들)이 복잡한 사무실이 너무 시끄럽다고 생각할 때 들어갈 수 있는 조용한 공간을 제공해줄 필요가 있죠."**53**

그리고 당신이 소속되어 있는 조직에서 조용한 공간의 가치를 지속적으로 인식할 수 있도록 명확한 의견을 제공해주는 것이 필요하다. 조용한 공간에 대한 〈시애틀 타임즈(Seattle Times)〉의 기사에서 인터뷰를 한 일터환경 디자이너 제나 페로우(Jenna Perrow)에 따르면, "공간을 경제적으로 활용하려는 기획과정에서는 대부분의 경우 개인사무실을 가장 먼저 제외시키게 됩니다. 저의 고객분들이 현재와 미래의 인력 수를 생각해보고, 미팅공간과 공용공간과의 균형을 계산하다보면 당연한 행동이지요."**54**

서베이의 몇몇 참가자들은 조용한 공간을 만들어놓더라도 결국 어떻게 활용이 되는지에 대해 이야기해주었다.

"확실히 우리 회사에도 조용하게 혼자 일할 수 있는 공간이 있긴 하지요. 하지만, 대부분의 경우, 소규모 회의를 위해 사용되고 있습니다."

결론

편안하고 즐겁게 일할 수 있는 일터환경이 제공된다는 것은, 구성원의 심리적 웰빙과 생산성을 높일 수 있는 핵심적인 요소가 존재한다는 것을 의미한다. 그렇기 때문에, 관리자와 조직은 내향적인 구성원들을 위해 예산과 시간 및 공간을 배정할 수 있도록 일터환경설계를 할 만한 가치가 있다. 공간구성에 대한 최종결정은 최고경영진에서 하게 되겠지만, 내향성-친화적 일터공간설계를 할 수 있는 가능성을 높여줄 행동은 구성원들도 시도해볼 수 있을 것이다.

- **적절한 질문을 하자:** 잠시 혼자 조용히 일하고 싶을 때에는 어디로 가면 좋을까요?
- **제안을 해보자:** 동료들과 자연스럽게 어울리는 기회를 더 많이 만들 수 있도록, 공용공간을 구성해보는 것이 어떨까요?
- **현재 존재하고 있는 활용가능한 자원을 더 잘 사용해보자:** 이 공간을 조용하게 혼자 일할 수 있는 곳으로 바꿔보는 것이 좋을 것 같습니다.

핵심 요약 사무실 공간 구성 계획을 수립할 때(폐쇄형이거나 개방형이거나)에는, 협력, 사교활동, 집중작업이라는 중요한 활동들이 자연스럽게 이어질 수 있도록 하는 것에 중점을 두자.

내향성-친화적 일터 환경을 디자인할 때 최우선할 5가지 유의점

1. 내향적인 구성원들에게 질문을 해보자. 협력, 사교활동, 집중작업이라는 세가지 핵심활동을 하는 데 있어서 현재의 일터환경이 어느 정도 효율적인가?

2. 일터 공간은 조직의 업무과정흐름에서 요구되는 구성원의 니즈를 잘 충족시킬 수 있도록 설계되어야 한다. 사람들이 주위에 있는 동료들과 자연스럽게 함께 일할 수 있도록 말이다.

3. 구성원들이 자연스럽게 동료들과 어울릴 수 있는 공간이 존재하는 것은(예: 사무실 중앙에 위치한 화장실이나 공용공간) 내향적인 사람들이 동료들과 상호작용하는 것을 어려워하는 경향성을 낮추어주는 데에 있어서 중요한 역할을 한다.

4. 조용하게 일할 수 있는 공간이나, 에너지를 재충전할 수 있는 방에서 사람들은 프라이버시와 집중업무 가능 기회를 보장받게 된다. 그러한 공간은 내향적인 사람들이나, 그런 시간이 필요한 사람들 모두에게 도움이 된다. 일을 할 때 헤드폰을 쓸 수 있도록 해주는 것도, 주의분산을 최소화할 수 있게 도와줄 것이다.

5. 자연스러운 조명과 소음 관리가 잘 되어 있어서 구성원들이 긍정적인 감각을 느낄 수 있는 환경은, 사람들이 편안하게 일을 하며 생산성을 높일 수 있게 해준다. 특히 내향적인 사람들에게 말이다.

6장

효율적인 리모트 워크 시스템 설계하기

"저는 집에서 일하는 것을 좋아합니다. 그리고 이제는 매일 사무실에 있어야 하는 업무는 맡지 않으려 합니다. 특히 개방형 사무실인 경우에는요. 더 많은 회사들이 근무유연제를 실시해야 한다고 저는 생각하고 있어요."

— 2019년 일러 서베이 응답자

많은 사람들이(3천만 명이 넘는 어마어마한 수였다) 보고 즐거워하며 웃음을 터뜨렸던 동영상 중에, 집에서 TV 인터뷰를 하는 어느 아버지의 BBC 뉴스가 있었다. 독자들도 이미 알고 있을 것이다. 아버지가 서재에서 인터뷰를 하던 중에 귀여운 안경을 쓴 어린 딸아이가 그 방으로 춤을 추며 등장했고, 보행기를 탄 아기 남동생이 따라들어왔다. 그리고 너무나 당황스러운 얼굴을 한 어머니가, 아버지의 인터뷰를 방해하지 않도록(사실 그 시도는 실패로 돌아갔다) 아이들을 데리고 나가려고 애쓰는 장면이 전파를 탔다.[55] 우리가 이 상황을 보면서, "저 부적절한 상황은 뭐야!" "저 전문가는 신뢰하면 안되겠군!"이라고 평가를 하는 게 아니라 즐겁게 웃을 수 있었던 것은, 정말 많은 사람들이 재택근무시 해결해야 하는 도전과제를 잘 알고 있다는 사실을 보여준다. 그리고, 현재와 같은 디지털 시대에서 '일터'라는 개념이 얼마나 유연하게 정의될 수 있는지가 나타난 정말 좋은 사례이기도 하다.

이제는 일을 함께 하는 동료가 사무실에 있거나, 동네 카페에 있거나, 축구연습에 가야 하는 아이들을 데리고 자동차 운전을 하는 중이거나 상관없이, 상대방과 일에 관련된 전문적 소통을 할 수 있는 상황이 되었다.

우리의 일터 서베이에 참여한 응답자들 중 64% 이상은 현재 회사에서 리모트 워크(remote work)를 할 수 있게 해준다고 대답했다. 미국의 노동자들 중 1/3이 리모트 워크를 하는 경우가 많고, 이와 같은 리모트 워크 노동자들의 수는 10년 전보다 115% 증가했다.[56]

물론, 헬스케어 분야와 같은 몇몇 직종의 근로자들과 초기 서베이 응답자들은 리모트 워크를 제대로 할 수 있는 환경이 아니었다. 하지만, 내향적인 팀구성원들에게 유연하게 일할 수 있는 기회와 조금 더 효과적으로 업무에 집중할 수 있는 기회를 제공하는 것이 가능하다면, 리모트 워크에 대해 탐색해볼 가치가 있다고 생각된다.

내향적인 구성원들을 위해 리모트 워크를 고려해 봐야 하는 핵심적인 이유들

전 인원이 리모트 워크를 하거나 일부 구성원만 리모트 워크를 하는 경우 모두, 나름대로의 해결해야 할 도전과제들이 존재한다(이에 대해서는 조금 후에 논의해보도록 하겠다). 하지만, 당신의 조직에서 일하는 내향적인 구성원들을 생각해보면, 리모트 워크라는 것이 그들의 회사 리텐션 및 업무성과 강화에 매우 큰 영향을 줄 수 있다. 내가 이야기해 보았던 대부분의 내향적인 팀 구성원들은 리모트 워크가 예전에 존재했던 편안함을 감소시킨 점도 물론 있지만, 과거로 돌아갈 생각은 전혀 없다고 한다. 특히 내향적인 구성원들에게 재택근무를 할 수 있는 옵션을 제공하는 것을 고려해봐야 하는 이유에 대해 생각해 보도록 하자.

생산성

사무실에서 다른 사람들과 함께 일하면서 생기게 되는 산만함을 견디고, 소음을 차단하기 위해 의도적으로 애를 써야 하는 경우가 줄어들기 때문에, 더 조용하고 집중이 잘되는 환경을 더 선호하는 내향적인 구성원은 사무실이 아닌 환경에서 생산성을 더 높일 수 있다. 대규모 중국계 여행 에이전시에서 일하는 500명의 리모트 워커들을 대상으로 진행된 스탠포드 대학 연구결과를 보면, 사무실에서만 일하는 구성원과 비교해보았을 때 생산성이 24%나 증가되는 것으로 나타났다.

출퇴근을 하는 데에 시간을 써야 하고, 다른 동료들에 의해 방해를 받는 일이 없는 것도 강점으로 이야기되었다. 또 이 연구에서는, 리모트 워커의 에너지 소진이 50%로 줄어들었다는 결과가 나왔다. "중간 휴식시간도 짧아졌고, 병가를 내는 경우도 줄어들었으며, 일을 하지 않고 빈둥대는 경우도 감소되었다."[57] 이 회사에서는 (구성원 1인당 2,000달러 정도) 사무실 임대비를 절약할 수 있었다고 한다.

내향적인 사람들은 사무실 동료들로부터 반복되는 방해를 받아야 하고, 그 방해 때문에 한번 주의가 산만해진 다음에는 마음을 정리하는 데에 오랜 시간을 필요로 하지 않아도 되는 환경에서 더 많이 성장하는 모습을 보인다. 이러한 점을 고려해보면, 주의산만해질 경우가 적은 재택근무라는 옵션은 내향적인 구성원들과, 그들의 업무 성과 및 업무만족도에 대해 실제로는 스탠포드 연구결과보다 더 중요한 영향을 미칠 수 있을 거라 생각된다(이는 다양한 성격 유형의 구성원들에게도 동일한 결과를 가져다줄 수 있다).

채용과 리텐션

업무 만족도에 대해 생각해보면, 주1회 재택근무를 할 수 있다는 옵션은 내향적이거나 외향적인 구성원들 모두의 행복도를 증가시킬 수 있다.[58] 보스턴 대학의 후원을 받아 진행하는 프로그램의 부회장인 다이안 볼드윈(Diane Baldwin)은 주1회 재택근무를 하는 경우 "정말 구성원들의 삶이 변화된 것을 볼 수 있었습니다"라고 이야기했다.

"출퇴근 교통체증에 시달리지 않아도 되는 날이 하루밖에 되지 않더라도, 구성원들이 그날은 잠옷을 입고 편안하게 일을 할 수 있다는 것은, 좋은 리텐션 전략이죠"라고 다이안은 말했다. 나는 많은 고객들에게 이 이슈에 대해 질문을 해보았었는데, 모두 다이안의 이야기에 동의하는 모습을 보였다.

리모트 워크에 대해 〈래더스(Ladders)〉와 인터뷰를 한 메디컬센터 소속 구성원은 "재택근무하는 수요일" 정책에서 혜택을 받고 있다고 설명해주었다. "분명히 일을 하고는 있지만, 불필요한 긴장은 하지 않을 수 있어요. 출퇴근에 드는 2시간을 절약할 수 있구요(매일 편도 45마일을 운전해야 했으니까). 미니 주말 같은 기분이 들기까지 한다니까요."**59**

재택근무의 자유를 누려본 내향적 구성원들에게, 그러한 근무 옵션은 포기하고 싶지 않은 특혜로 느껴질 수 있다. 그리고 회사에서는 이 리모트 워크 옵션을 리텐션뿐 아니라 채용에도 도움이 되는 전략으로 활용할 수 있게 될 것이다. 우리의 2019년 일터 서베이 응답자들 중 한 명은 이런 이야기를 해주었다.

> "일터에서 구성원들에게 근무 유연 제도를 제공하는 조직은, 특정한 역할에 가장 최적인 후보를 찾는 과정에서 더 이상 가까운 지역에 살고 있는 사람들만 고려할 필요가 없게 될거라 생각합니다."

당신의 회사에 근무하는 내향적인 구성원들에게 리모트 워크가 효과적으로 기능하도록 만들기

Q: 리모트 워크를 가장 많이 방해하는 세가지를 들어본다면?
A: 텔레비전, 침대, 그리고 냉장고.
     – 니콜라스 블룸(Nicholas Bloom), 2017 테드 강연회(TEDx talk)

우리가 일하는 장소에서 새로운 자유를 얻을 수 있는 환경이 되면, 일하는 방법과 일하는 시간에 대해 중요한 선택을 할 수 있게 된다. 조직에서 리모트 워크 프로그램을 실행하고, 리모트 워크를 하더라도 구성원들이 고립감을 느끼지 않을 수 있는 환경에서, 어떻게 하면 성공을 최적화할 수 있을지에 대해서는 많은 연구가 진행되었다.[60] 리모트 워크 프로그램을 운영할 때 고려해보면 좋을 자료들은 리모트 워크 연구원(Remote Work Institute)에서 많이 얻을 수 있다. 재택근무를 할 때 내향적인 구성원들 및 다양한 성격유형의 사람들이 몰입수준을 높일 수 있는 이슈들을 몇가지 살펴보도록 하자.

혼자 있는 시간이 너무 길다는 위험요소

리모트 워크 정책을 실행할 때 회사가 마주할 수 있는 도전과제는, 지나치게 자유롭게 정책을 해석해서, 사무실 출근을 전혀 하지 않겠다고 거부를 하거나, 비생산적인 영향을 미칠 정도로 동료들과 커뮤니케이션을 하지 않으려 하는 일부 구성원들의 태도이다.

창의성의 마비

혼자 보내는 시간이 너무 길어질 경우, 동기수준이 오히려 감소되는 결과를 만들어낼 수도 있다. 우리의 에너지 배터리는 어느 정도 혼자 있으면서 재충전을 해줄 필요가 있지만, 완전히 충전이 된 다음에도 혼자 있게 되면 그때부터는 부정적인 효과가 나타나게 되고, 긍정적인 결과를 전혀 만들어내지 못하게 된다. 내향적인 사람들이라 해도 어느 정도 조용한 시간을 필요로 하는지는 각자 다르겠지만, 대부분의 경우 혼자 일하는 시간이 너무 길어지면 에너지수준이 오히려 내려간다는 데에는 많은 사람들이 동의하는 편이다. 고립감을 느끼게 된다는

내향적 구성원에게 친화적인
일터 만들기

것은 어떤 상황에서도 좋은 일이 아니다.

조용한 인플루언서들(변화를 만들어내고, 다른 사람들에게 영감을 주며, 현재 상태에 만족하지 않고 문제점 해결에 도전하는 구성원들)에 대해 연구해보니, 고립감은 창의성이 마비된 상태를 만들어내는 것으로 나타났다.[61] 내향적인 사람들이 혼자만의 생각을 하도록 너무 오래 내버려두면, 그 아이디어를 행동으로 옮기기는 점점 어려워진다. 쓰여질 수 있었던 수백만권들의 책들이 만들어지지 못하고, 대단한 혁신과정은 아예 시작도 못하게 되는 상황이 만들어진다. 창의적인 아이디어 개발자들이 자신의 생각을 머리속에만 담아두고, 아이디어에 생명을 불어넣는 작업을 도와줄 수 있는 동료들과 협업하지 않기 때문이다.

또한 우리는 '혼자서 너무 많은 시간을 보내는 내향적 구성원은 자기만의 시각을 명료화하는 것을 어려워한다'는 사실을 발견했다. 자기 자신의 생각에 회의감을 품고, 과연 행동으로 옮길 수 있을지에 대해 부정적으로 판단하며, 행동을 뒤로 미뤄버리게 된다. 혼자 틀어박혀서 자기분석만 하고 있다보면 내향적인 사람들은 과거에만 묻혀 있거나, 미래에 대해 지나치게 많이 불안해하게 되어, 생산적인 행동을 할 가능성은 줄어들 가능성이 높다.

사람들과의 관계 단절

내향적인 사람들의 고립감이 커질 경우 만나게 되는 또 하나의 도전과제는, 팀 동료들과의 연결관계가 끊어질 수 있다는 것이다. 직접 만나지 않고는 성과를 만들어내기가 힘든 프로젝트를 하는 구성원들

은 자신의 재능을 상사, 동료, 다른 사람들에게 보여줄 수 있을 때에 힘을 얻게 된다.[62]

그리고, 동료들을 오랜 기간 동안 만나지 못하게 되면, 채팅목록에 있는 아이콘 정도로 상대방을 생각하게 되며, 같이 일하는 사람들의 창의성을 파악하는 능력을 잃어버리기 쉽다.

또한 지나치게 많은 시간을 혼자 보내게 되면, 팀구성원들이 회사의 큰 미션에 대한 인식을 놓치게 될 가능성이 높다. 케빈 에이켄베리(Kevin Eikenberry)와 웨인 터멜(Wayne Turmel)이 이야기했듯이, "회사와 조직문화를 구성하고 있는 요소인 환경적 신호, 슬로건, 메시지가 부족하게 되기 때문"이다.[63] 그러다보니 팀과 회사의 목표보다는 개인적인 프로젝트에만 지나치게 집중하게 된다.

내향적인 구성원들이 리모트 워크를 할 때 마주할 수 있는 위험요소가 이와 같이 존재하는 것을 알아보았다. 지금부터는 장애물을 피해가기 위한, 최대한으로 위험요소를 감소시키기 위한 다음의 방법들에 대해 논의해보도록 하자. 명확한 기대수준 설정, 책임감 유지, 정기적 커뮤니케이션, 관계구축.

명확한 기대수준 설정

구성원들에게 내용을 공유하고 사인을 받는, '리모트 워크 가이드라인'을 만들어보자. 내향적인 구성원들은 서면을 통한 소통을 더 편안하게 느낄 때가 많기 때문에, 문서로 작성된 가이드라인을 공유하게 되면, 리모트 워크를 할 때 조직에서 자신에게 기대하는 것이 무엇인

내향적 구성원에게 친화적인
일터 만들기

지를 명확하게 알 수 있다. 그리고, 자신이 활용가능한 자원, 만들어내야 하는 성과, 필수적으로 사무실에서 근무해야 하는 시간에 대해서도 수용하고 존중할 가능성이 높아질 것이다.

예를 들어 생각해보자. 구성원과 합의해야 하는 내용에는 '재택근무하는 날에는 특정한 시간에만 컨퍼런스콜이 가능하다'는 것을 명시할 수도 있을 것이다. 또 팀 구성원들이 관리자와의 대면 미팅을 필수적으로 해야 하는 특정한 날을 정하는 것도 가능하다. 매주 업무가 마무리될 때마다 보고서를 쓰게 함으로써, 구성원의 책임감을 높여줄 수도 있겠다(책임감에 대해서는 지금부터 이야기해보도록 하자).

책임감 유지

리모트 워크 시스템을 실행하게 되면, 구성원들이 더 많은 책임감을 가지고 자신이 맡은 일의 성과를 내기 위해, 얼마나 효과적으로 업무를 진행하고 있는지에 대해 스스로 정기적인 모니터링을 해야 한다. 이것은 조직에 근무하는 모든 사람들에게 동일한 상황이다. 구성원들이 자신의 업무와 목표에 대한 진행상황을 기록할 책임을 가지게 되면, 리더는 사소한 작은 일까지 사사건건 참견을 할 필요가 없어지므로, 그를 통해 얻은 시간에는 조직이 앞으로 나아가기 위해 필요한 큰 그림을 생각할 수 있게 된다. 또한, 내향적인 구성원들과 다른 동료들은 귀찮은 방해를 받지 않고 집중해서 일을 할 수 있는 시간과 공간을 얻게 될 것이다.

구성원이 노력을 해서 어떤 성과물을 만들어냈는지를 명확하게 파악하고, 그에 대해 감사를 표현하는 것이 중요하다. 사람들이 리모트 워크를 할 때 하기 쉬운 실수를 막으려면, 리더들이 조금 더 창의적인 태도를 가질 필요가 있다. 예를 들어 보자. 포춘 100대 기업들에서 일해왔던 글로벌 프로젝트 매니저 로라 데이빗슨(Laura Davidson)은 개인 구성원과 그룹이 만든 성과가 성공을 거두었을 때마다 반드시 함께 소식을 공유하고 축하했다. 로라가 이렇게 함으로써, 팀 구성원들은 동료들이 전체적인 목표달성과정에서 어떤 기여를 하고 있는지를 잘 알 수 있게 되었다. 로라는 각 구성원들의 성공을 이해관계자들에게 공유해주면서, 각 개인이 이루어낸 성과와 가치를 조직에게 어필해준 것이다. 팀 구성원들은 동료의 노력에 대해 인식하게 되고, 감사를 표현할 수 있는 기회를 가질 수 있었다.

로라는 이렇게 설명해주었다. "'구성원들은 리더가 얼마나 자신에게 신경을 써주는지를 알게 되기까지는, 리더가 자신에 대해 얼마나 많이 파악하고 있는지 신경쓰지 않는다'라는 말은 이 경우에 매우 적절하죠. 구성원들과 리더가 서로 만나지 못하면, 마음이 멀어지게 되는 것은 당연하니까요."

정기적 커뮤니케이션

팀이나 구성원의 상황에 따라, 리모트 워크 합의서에 포함되지 않을 수도 있겠지만, 재택근무를 할 때 어떻게 커뮤니케이션을 할 것인가의 문제는, 내향적인 구성원들의 몰입을 지원하는 데 있어서 핵심적인 요소이다.

리모트 워크를 할 경우, 리더는 구성원들을 얼마나 자주 체크해야 할까? 이때 회사의 인트라넷을 쓰는 것이 좋을까, 아니면 문자? 이메일? 전화통화? 확인은 몇 번이나 하는 것이 바람직할까? 소통을 하는데 있어서는 주말이나 밤도 상관없다는 생각을 리더가 하고 있는가? 리더가 팀구성원들과 협업동료들을 직접 만날 수 없을 때, 이 문제에 대해 고민해보는 것은 매우 중요한 일이다.

리더로서, 당신은 업무 동료간의 소통과, 구성원들이 혼자 일하는 시간을 가지는 것 사이에서 적절한 균형을 잡기 위한 노력을 해야 한다. 당신도 팀 구성원들이 '우리 리더는 마이크로매니징을 하는 사람이야'라고 느끼기를 원하지는 않을 것 아닌가. 동료나 관리자가 지속적으로 간섭을 하거나, 언제나 바로바로 질문에 대한 응답을 하기를 기대한다면, 집중을 방해할만한 자극이 없는 리모트 환경의 가치도 떨어질 수밖에 없을 것이다. 모든 사람들은 자신이 최적의 편안함을 느낄 수 있는 수준을 찾아야 하고, 리더는 구성원의 생각에 관심을 가지고 배려해주어야 한다. 어떤 혁신을 시작하든지 간에, 그 프로그램이 제대로 굴러가고 있는지에 대해 서로 정기적으로 이야기를 하면서 점검을 하며 평가를 해보는 과정이 가장 중요하지 않은가. 당신의 소통을 더 자연스럽게 만들기 위해 현재의 상황을 변화시킬 수 있는 것은 무엇이 있을까? 부디 유연성을 높여보도록 하자. (내향성-친화적 소통 프로그램과 정책에 대해서는 4장의 내용을 다시 참고하길 바란다.)

관계 구축

조직 심리학자이자 작가인 에드가 샤인(Edgar Schein)은 이런 주장을 했다. "조직의 모든 직급 사람들이 서로를 더 잘 알게 되고 더 친밀해지는 것은 정말 중요합니다. 그리고 관료적 체계에서 생기기 쉬운 상사와 부하들간의 간극이 심화되는 것을 피하고, 진정한 소통이 이루어질 수 있는 관계를 만들기 위해 노력하는 것이 필요하지요."[64]

하지만, 구성원들이 동일한 물리적 공간에 함께 있지 않을 때에는, '친밀한 관계'를 구축하기가 더 어려워진다. 그렇기 때문에, 조직 구성원들은 서로를 더 잘 알기 위해 의도적으로 시간을 투자해야 하는 것이다.

구성원이 재택근무를 하고 있을 때, 특히 미리미리 모든 것을 준비하기를 좋아하는 내향적인 사람인 경우, 예상하지 못했던 화상전화나 음성전화가 걸려와서 깜짝 놀라기를 원하는 사람은 없을 것이다.

따라서, 리모트 워크를 하고 있는 구성원들과 정기적으로 1대1 미팅이나 팀미팅을 할 수 있도록 스케줄링을 하는 것도 필요하고, 개인적인 인간관계와 동시에 업무동료로서의 관계를 강화시킬 수 있는 아침식사나 점심식사와 같이 자연스러운 만남을 가질 수 있도록 하는 방법도 고려해볼 필요가 있다. 이제 우리는 모두 다 알고 있다. 내향적인 사람들은 미리 정해진 1대1 대화를 통해 편안하게 질문을 할 수 있고 상대방의 이야기를 들을 수 있을 때 생산적인 성과를 만들어낼 수 있으며, 외향적인 사람들은 개인적인 연결관계를 가지고 자신의 생각에 대해 어필할 수 있는 기회를 가질 수 있을 때 기뻐한다. 회사의 미션, 비전이나 가치상의 변화가 일어났을 때는 보다 강한 친밀감을 느낄 수 있는 미팅을 할 수 있는 기회를 만들어서, 구성원들이 지금 담당하고 있는 일이 조직의 가장 큰 미션, 비전, 전략과 어떤 연결고리를 가지고 있는지를 보여주는 것도 바람직하다.

리모트 워크 전문가인 웨인 터멜(Wayne Turmel)은 최근 팟캐스트 'Manage This'에서 온라인 세상에서 함께 일하는 팀에 대해 인터뷰를 한 적이 있다. 모든 사람들이 온라인 미팅을 통해 이야기해야 할 필요가 있을 때에는 우선적으로 고려해야 할 점이 있다고 웨인은 주장했다. "우리는 현재 다루어야 할 이슈가 무엇인지, 그리고 그 문제를 해결하기 위해 가장 좋은 방법이 무엇인지에 대해 먼저 생각해봐야 합니다."[65]

구성원들이 함께 모여 소통을 해야 할 때, 언제 어떻게 할 것인지에 대해 진지하게 고민하고 세심하게 계획을 세우며, 사람들에게 의견을 구하는 관리자에게 팀구성원들은 감사를 표하게 될 것이다.

공유오피스의 가치

공유오피스(coworking spaces)란, 다양한 분야의 구성원들이 항상 모여서 일하거나, 가끔씩 회의를 할 때 사용하게 되는 협업을 위한 일터 공간을 가리킨다. 혁신과 협업을 강화하며, 생산성을 높여서, 대부분의 리모트 워커들에게 협업이라는 것이 '뉴노멀(당연히 해야 할 것)'이라고 느끼게 해줄 수 있는 환경을 제공하는 것이 중요하다.[66]

전세계적으로 공유오피스를 사용하는 것이 트렌드가 되었다. 일터의 유연성과 진정한 인간적 연결관계에 대한 구성원들의 니즈가 예전보다 훨씬 더 많이 표현되고 있기 때문이다.

점점 더 많은 회사들이 필요한 경우 리모트 워크를 하는 구성원들이 모일 수 있는 공유오피스를 만드는 데에 관심을 가지고 있는 듯하다. 리모트 워커들은 새로운 일을 맡거나 승진을 했을 때, 효과적으로 논의를 할 수 있도록 공유오피스를 만드는 것이 중요하다고 생각하는 경우가 많았다.

공유오피스란 구성원들이 따로따로 고립되는 것에서 벗어나서, 동료들과 함께 업무에 집중할 수 있는 '생산적인 독자업무'를 할 수 있도록 조직구성원들을 지원하는 데에 도움을 주기도 한다.[67] 커피머신이 설치되어 있는 공유오피스에서 가벼운 수다를 떠는 것만으로도, 하루종일 집에 혼자 있어야 하는 리모트 워커들이 느낄 수 있는 고립감을 줄여줄 수 있을 것이다.

애틀란타에서 지난 4년 동안 내가 회원으로 가입해서 사용했었던 공유오피스인 로암(Roam)을 통해 나와 동료들은 사무실을 따로 빌리는 것보다 훨씬 더 많은 혜택을 얻을 수 있었다. 이와 같은 공간의 핵심적인 가치는 "우리의 커뮤니티를 활성화시키는 효율적인 방법을 개발하는 것이며, 의미있는 업무를 할 수 있는 공간을 마련하는 동시에, 우리의 커뮤니티 모임을 축하하고, 지지하며, 응원하는 것"이라고 한다.

미리 준비하지 않고 편안하게 대화를 나누는 과정을 통해, 사람들과의 관계는 자연스럽게 발전된다. 나는 이해관계자들이 속해 있는 다양한 산업분야에 대해 새롭게 배우는 것을 좋아한다. 건강관리 회사부터 비영리 컨설팅회사까지 말이다. 내가 함께 일해본 내향적인 동료들은 이런 이야기를 해주었다. 자연스러운 일상 대화에 적극적으로 참여하는 방법과 시기를 효과적으로 관리할 수 있는 것이 업무진행에 많은 도움이 되었다고 말이다.

공유오피스가 점점 늘어남에 따라, 다양한 테마 공간들이 생기기 시작했다. 공유오피스 윙(Wing)은 점점 더 여러 도시에 만들어지고 있으며, 이벤트를 열어 여성 전문가들이 모일 수 있는 기회를 만들어주고, 리모트 워크를 하는 사람들이 직접 만나 소통할 수 있는 공간을 제공해준다. 어셈블리(Assembly)는 샌프란시스코에 있는 여성회원 중심의 공유오피스로서, 피트니스 클래스와 같은 웰빙 클럽이 설치되어 있고, 다양한 자기관리 프로그램이 운영되는 일터공간으로 유명하다. 언젠가는 내향적인 사람들도 자신들에게 꼭 맞는 문화를 가진 공유오피스를 기획하게 될 것이다.

결론

리모트 워크 시스템을 실행하려다 보면, 너무 신경쓸 일이 많아서 버거워질 때가 있을 것이다. 눈앞에 있지도 않은 구성원들도 통제해야 하고, 성과까지 만들어 내야 한다니 말이다. 구성원들이 스스로 선택한 환경에서 목표를 추구할 수 있는 권한을 주게 되면, 생산성을 높일 수 있을 뿐 아니라, 새로운 인력을 채용하는 데 있어서도 강점으로 작용하게 될 것이며, 현재 인원을 유지하는 데에도 도움이 될 것이다. 그리고 비용 절감에 대해서도 잊지 말길 바란다! 모든 사람들이 반드시 출근해야 하는 것이 아니라면, 사무실 공간의 크기가 줄어들어도 될 것이고, 당연히 사무실 임차료도 절약할 수 있게 될 테니 말이다.[68]

특히 내향적인 사람들에게 있어서, 리모트 워크 환경은 자율성을 높여주고, 방해가 되는 자극이 없이 집중할 수 있게 해주어, 최고의 컨디션에서 일을 할 수 있게 도와준다. 물론, 너무 오랜 시간 동안 구성원이 혼자 일하게 하다보면, 고립감을 느끼게 되고, 오히려 생산성이 떨어지게 될 수도 있다. 따라서, 구성원들이 건강한 연결관계를 맺고, 조직의 목표를 효과적으로 달성하기 위한 과정에 적극적으로 참여할 수 있도록 하려면, 서로에 대한 접근가능성, 커뮤니케이션, 책임감과 같은 다양한 요소들에 대해 세심하게 고려해보는 태도가 필요하다.

핵심요약 내향적인 구성원들이 사무실에서 일하는 시간을 줄이고 리모트 워크를 하게 된다고 해서, 팀동료들과의 커뮤니케이션의 수준이나 빈도가 곧바로 감소되는 것은 아니다.

내향적 구성원에게 친화적인
일터 만들기

내향적 구성원의 리모트 워크 시스템 설계시 5가지 유의점

1. 접근가능성, 사무실에 출근해야 하는 시간, 책임감과 같은 요소
   들에 대해 리모트 워크 가이드라인을 만들고, 구성원과 내용을
   합의한 후 사인을 받도록 하자.

2. 리모트 워크를 하고 있는 구성원들과 어떻게, 언제 소통을 할지
   에 대해 미리 고민하고 준비하도록 하자.

   조직이 해결해야 할 가장 큰 도전과제는 구성원들이 혼자 일하
   는 리모트 워크 시스템 때문에 비효과적인 고립감을 느끼지 않
   도록 하는 것이다.

3. 정기적으로 구성원과의 대면 1대1 미팅과 팀미팅을 진행할 수
   있도록 계획을 세우자. 개인적인 관계와 업무적인 동료관계를
   동시에 강화시킬 수 있도록 아침식사나 점심식사를 같이 하는
   보다 캐주얼한 모임을 준비하는 것도 중요하다.

4. 리모트 워크를 하는 구성원들에게 자신의 업무를 스스로 점검
   하며 기록하는 책임을 맡겨주자. 당신의 조직에 있는 내향적인
   사람들은 방해받지 않고 깊은 생각을 할 수 있는 공간을 가지는
   것에서 큰 만족감을 느낄 것이다.

5. 팀미팅과 개인미팅을 할 때, 리모트 워크를 하는 구성원들의 성
   과가 눈에 띌 수 있도록 각 개인과 팀이 만들어 낸 성공적인 결
   과에 대해 반드시 공유하자.

7장

팀 구성

"복잡한 과제를 풀어야 할 때, 주위의 방해를 받지 않을 수 있었으면 좋겠습니다. 이런 제 바람과 필요성을 조직에서 인정해주었으면 좋겠구요. 우리 회사에서는 솔루션을 찾으려면 반드시 미팅을 해야 하고, 동료들과 함께 일해야 한다고 생각하거든요. 개인 구성원이 방해를 받지 않고 혼자 깊은 생각을 해서 만들어낸 해결책에 대해서는 거의 가치를 인정해주지 않죠."

– 2019년 일터 서베이 응답자

예전에 내가 속해 있었던 팀은 정말 다양한 성격 유형의 사람들로 구성되어 있었다. 내향적인 사람들과 외향적인 사람들이 섞여 있었기 때문에, 때로는 부딪힘과 갈등도 생겼지만, 팀리더였던 유트(Ute)는 각 구성원에게서 최고의 성과를 끌어내는 재능이 있는 관리자였다. 유트는 개인 구성원들이 어떤 니즈를 가지고 있는지를 잘 파악했고, 어떤 차이점들이 존재하는지에 대해 세심하게 살폈다.

언젠가는 어떤 동료가 말을 잘 하지 않고 무뚝뚝하게 사람을 대하는 태도 때문에 내가 엄청나게 화가 나 있었던 적이 있었다. 유트는 내

신체적인 언어와 얼굴표정에서 뭔가 문제가 있음을 알아채고, 미팅 후의 휴식시간에 나를 따라왔다. 그리고 그 동료가 현재 프로젝트의 발전을 위해 기여하고 있는 것이 무엇인지에 대해 이야기를 해주면서, 그런 긍정적인 면에도 관심을 가져보면 어떻겠냐는 제안을 하였다. 유트의 말을 들으면서, 나는 좀더 차분하게 마음을 가라앉히고, 나의 내향적인 동료가 가지고 있는 가치에 대해 생각해보게 되었다. 결국 유트의 말이 맞았음이 증명되었다.

그 동료의 논리적이고, 프로세스 구축을 잘하는 스킬은 우리 프로젝트가 성공하는 데에 핵심적인 역할을 해주었기 때문이다. 어떨 때에는 서로간의 차이점을 극복하기가 어려울 수도 있겠지만, 일단 그 작업을 할 수 있게 되면, 마치 마법 같은 멋진 상황이 펼쳐지게 될 것이다.

구성원들이 협업을 통해 효율적인 브레인스토밍을 하고, 서로의 에너지가 모여 시너지를 내는 장면을 떠올려보자. 대단한 성과가 만들어질 수 있다. 많은 회사들에서는 1980년대부터 팀이라는 하나의 소규모조직이 성과를 함께 만들어내는 집단업무체제가 시작되었다. 오늘날, 당신의 수퍼바이저는 당신의 '팀 리더'이고, 당신의 업무그룹은 당신의 '팀'이며, 일터환경은 대부분 개방형으로 구성되어 있고, 동료들과 가깝게 앉아 있도록 자리 배치가 되어 있을 것이다. 새로운 인력을 뽑을 때에도 모든 팀 구성원들이 면접위원으로 참여하는 경우가 많고, 매일 팀미팅을 진행하곤 한다.

팀의 효과적 운영에 대한 한가지 평가기준은 '팀이 구성원의 니즈

내향적 구성원에게 친화적인
일터 만들기

를 충족시켜주는가'이다. 이에 대해 경영학 대가이자 유명한 작가인 패트릭 렌시오니(Patrick Lencioni)는 팀 협업이라는 것이 어떤 의미를 가지는지에 대해 이야기했다. 2016년, 패트릭은 이상적인 팀 구성원 의 3가지 특성을 정리했었다. 야망이 있어야 하고, 똑똑해야 하고, 겸 손해야 한다.[69] 긍정적인 혜택을 동료들과 공유하고, 성공적인 결과가 나오게 된 것을 개인이 독점하기보다는 팀에게 돌리는 '겸손'이라는 특성은 내향적인 사람들이 보이는 경우가 많다. 이렇게 내향적인 사람 들이 '이상적인 팀 구성원'일 가능성이 높긴 하지만, 조용하고 겸손하 게 성과에 기여하는 사람들이 눈에 잘 띄지 않아 인정받지 못하는 경 우도 매우 흔하게 일어난다.

7장에서는 내향적인 동료들이 노력한 바를 명확하게 파악하고 인 정해줄 수 있도록 팀 리더들과 구성원들이 사용할 수 있는 전략을 정 리해보려고 한다. 그리고 내향적인 구성원이 개인적으로 만들어낸 성 과의 가치를 잘 이해해서, 리더가 팀 구성원들을 균형있게 인정할 수 있도록 하는 방법도 논의해볼 것이다. 우선, 어떤 팀이든지 다양한 성 격 유형의 사람들이 섞이도록 하는 것이 왜 중요한지에 대해 조금 더 깊이 생각해보도록 하자.

다양한 특성의 사람들로 구성된 집단은 좋은 성과를 만들어낸다

내가 함께 일해봤던 많은 과학자들과 연구자들은 팀을 구성할 때 다양한 사고 유형과 시각을 가진 사람들을 모으는 것이 얼마나 중요한 지를 언제나 강조했었다. 내 연구 결과를 보아도, 내향적인 사람들과 외향적인 사람들이 균형있게 모여 있는 팀이, 개인 구성원들이 각자의 일만 하는 팀보다 더 많은 성과를 내는 것으로 나타났다.[70]

팀의 특성이 지나치게 동질적이라면, 매우 폐쇄적인 시각을 가지게 될 수밖에 없다. 다양한 사람들이 모여 있는 팀을 효과적으로 관리하다 보면, 한쪽의 시각만 가지고서는 절대 볼 수 없는 전체적인 그림을 볼 수 있게 되고, 예전이라면 시도해보지 못했던 행동을 해볼 수 있게 될 것이다. 외향성과 내향성이라는 두가지 스타일이 모여 협업을 하게 되면 각 개인 구성원도 혜택을 받게 되고, 전체적인 사기도 진작되며, 더 높은 수준의 목표를 추구할 수 있게 되며, 업무에 대한 만족도도 높아지게 된다.

어떤 조직에 속해 있든지, 또 어떤 업무를 담당하고 있든지 간에, 내가 진행하는 워크샵과 강의에 참여했던 모든 사람들은 최적의 성과를 만들어내기 위해서는 내향적인 사람들과 외향적인 사람들에 대해 더 많은 것을 배워야 한다는 이야기를 해주었다.

서론에서 언급했었던 머크社(Merck)의 임원인 캐롤라인 맥그리거(Caroline McGregor)는 "구성원들이 제공해준 좋은 아이디어를 반복해서 놓치게 되면, 우리 회사의 가치는 결국 줄어들게 될 것입니다."라고 말했다. 내향성 리더이기도 하고, 포용성을 지닌 팀을 구성하는 것이 얼마나 중요한지를 알고 있는 사람으로서, 캐롤라인은 '내향적인 구성원들의 이야기를 제대로 듣지 않을 때, 우리가 놓치게 되는 것은 무엇일까?'에 대해 고민하고 있었다.

내향적인 구성원들의 자원을 최대로 활용할 수 있는 건강한 팀 문화를 구성하고자 할 때, 리더가 이용할 수 있는 전략은 다행히도 여러가지 존재한다.

내향적인 사람들이 팀미팅을 그다지 좋아하지는 않지만, 리더는 조용하게 일하는 구성원들의 가치에 대해 동료들이 잘 이해하고 지지해줄 수 있는 환경을 만들어줄 수 있다. 우리가 2019년에 진행했던 일터 서베이 결과를 보면, 응답자 중 거의 50%가 "우리 회사에서는 내향적인 구성원들이 미팅에 적극적으로 참여할 수 있도록 도와주기 위한 노력을 거의 하지 않습니다"라는 대답을 했다. 이것은 반드시 고려해봐야 할 점이다.

리더와 팀 동료들은 내향적인 구성원들이 팀미팅에서 자신의 의견을 잘 내놓을 수 있도록 하기 위해 신경을 쓸 필요가 있다. 이제부터는 '내향성의 가치에 대해 잘 파악하고 있는' 리더들을 인터뷰해서 발견한 13가지의 실용적인 전략을 소개해보도록 하겠다. 당신의 조직에 적용할 수 있는 전략이 혹시 있는지 살펴보도록 하자.

내향적인 구성원의 강점을 강화할 수 있는 팀미팅전략

1. 1분 규칙의 실행

팀 구성원이 업무에 대해 이야기를 할 때에는 개인별로 1분을 넘기지 않도록 한다. 우리가 인터뷰했던 어떤 과학자는 미팅을 구조화해서, 각 참가자들이 동일한 시간을 배정받아서 이야기할 수 있는 기회를 가질 수 있도록 하면, 내향적인 사람들도 외향적인 동료들과 마찬가지로 의견을 발표할 수 있는 동일한 기회를 제공받을 수 있다고 주장했다.

2. 사전질문지 배부

비영리 건강관리 전문기관에 근무하는 한 퍼실리테이터는 미팅을 하기 전에, 아젠다만 알려주는 것이 아니라 미리 생각해보고 오기를 기대하는 세부적인 질문들을 정리해서 구성원들에게 보내준다. 이렇게 미리 준비를 할 수 있는 시간을 가질 수 있게 해주었더니, 팀의 내향적 구성원들은 실제 미팅 시간에 더 적극적인 참여 모습을 나타냈다. 이와 같은 사전 작업을 하게 되면, 내향적인 사람들로부터 최고의 성과를 끌어낼 수 있게 된다는 데에 많은 리더들이 동의한다. 내향적인 구성원들은 미리 준비할 수 있는 것을 좋아하기 때문이다.

3. 모든 참여자들에게 두 번의 발언 기회 제공

내향적인 사람들이 가지고 있는 자원을 잘 활용하는 회의 진행자는 사람들이 미팅에서 이야기하는 빈도를 체크하는 모습을 보인다. 모든 참여자들이 적어도 두 번은 이야기할 수 있는 기회를 제공하는 것을 목표로 하는 것이다. 자기주도적으로 이야기를 하지 않는다면, 질문을 해서 사람들의 아이디어를 동료들이 들을 수 있게 해줄 필요도 있다.

4. 버디 시스템(buddy system)

서비스나우(ServiceNow)社에서 최고 인재 책임자(chief talent officer) 역할을 맡고 있는 팻 와도스(Pat Wadors)는 구성원들을 짝지어줌으로써 회의가 보다 포용적인 분위기가 될 수 있도록 회의구조를 바꾸었다. 예를 들어 보자. 팻은 어떤 구성원과 대면회의를 할 때, 현재 리모트 워크를 하고 있는 다른 동료를 한명 초대해서 같이 참여시킬 것을 요청한다. 두 명의 구성원은 문자채팅이나 슬랙과 같은 프로그램을 활용해서 미리 이야기를 해보고, 리모트 워커 동료가 더 필요한 자료가 있는지 확인해볼 수 있다. 그리고, 대면 미팅을 하고 있는 사람은 온라인 회의에 참여하고 있는 동료를 도와서, 원활하게 코멘트를 할 수 있게 지원하거나, 이야기 중간에 끼어들지 못하고 어려워 할 때 도움의 손길을 내밀 수도 있게 된다. 영어가 모국어가 아닌 직원, 팻과 같이 내향적인 사람, 그리고 정보이해를 하는 데 조금 더 많은 시간을 필요로 하는 구성원을 위해서 이와 같은 짝짓기 방법이 특히 효율적인 것을 발견했다. 이런 버디 시스템을 통해 사람들은 서로를 더 잘 이해하며 공감할 수 있게 되고, 개인적인 관계도 발전시킬 수 있게 된다.

5. 모든 아이디어를 수용하자

내향적인 사람들은 자신의 아이디어를 완벽하게 다듬어 정리하기 전까지는, 입밖으로 내어 이야기를 하는 것을 불편해하는 경우가 많다. 그 이유 때문에 미팅 중에 내향적인 구성원들의 참여도가 낮을 때도 많다. 내향적 리더였던 팻 와도스는, 자기도 모르는 사이에 자꾸 하게 되는 자기검열을 중단하는 방법을 배우기 시작했다. 코치의 조언에 따라 머리에 떠오르는 의견을 말로 표현하는 연습을 하다보니, 미팅에서 이야기를 하는 빈도가 예전보다 4배나 많아졌다는 것을 발견할 수 있었다.

"저는 지금 이야기하는 제 아이디어가 어느 정도 다듬어진 것인지 10점 척도를 사용해서 동료들에게 미리 말을 해줍니다. 그러니까, 처음에 이야기했을 때는 5~6점 수준으로 정리된 아이디어였더라도, 자료를 더 많이 모은 다음에는 보다 정교화된 의견을 전달할 수 있는 것이 그다지 놀라운 일이 아닌 거예요." 팻은, 자신이 경험해본 방법들을 팀의 내향적 구성원들 및 코치들과 공유하면서, 좀더 용감하고 대담해지자고 권유하고 있다.

6. 적극적 참여에 대한 팀 규칙을 만들자

팀구성원들과 함께 팀의 규칙을 논의하고 만드는 과정을 진행하자. 미팅이 원활하게 진행되고, 모든 참여자들의 만족도를 높일 수 있는 행동지침 말이다. 규칙이 완성되면, 회의실의 잘 보이는 곳에 그 내용을 붙여놓자. 온라인 미팅을 할 때에도 만들어진 규칙을 공유하는 것이 중요하다.

7. 팀의 현재 상황을 파악하자

팀의 문화가 현재 어떤 상태인가를 파악하게 되면, 내향적인 구성원들이 자기주도적으로 의견을 공유하고 협업하기가 손쉬운, 보다 개방적이고 포용적인 환경을 만들기가 좀 더 용이할 수 있다. 인재 및 조직관리 전문가인 마이크 힐(Mike Hill)은 쉬프트(Shift)라는 도구를 쓰면 현재 문제가 되고 있는 이슈에 대해 팀에서 이야기를 시작하기가 좀더 쉬워진다는 것을 발견했다. 그 도구는 핵심적인 팀 문화 요소들을 평가한 후(예: 신뢰, 의사결정), 특정 영역에서 높거나 낮은 점수가 나오는 이유를 생각해볼 수 있는 자료를 제공해준다. 그래서 문제점을 해결하기 위한 행동 계획을 세울 수 있는 것이다.

마이크는 핵심적인 의사결정자가 없기 때문에 더 이상의 행동이 이루어지지 않고 있다는 것을 발견했던 어떤 팀에 대한 이야기를 해주었다. 이 사실을 파악했기 때문에, 그들은 적절한 의사결정자를 선정했고, 생산적으로 업무를 진행할 수 있었다. 당신이 이 도구를 사용해서 팀이 잘 기능하고 있는지에 대한 자료를 얻기 위해 평가를 해본다면, 논의를 해볼만한 이슈들을 뽑아낼 수 있을 것이다.

특히, 내향적인 구성원들은 성과에 대해 생각해보고 미팅에 보다 적극적으로 참여할 수 있도록 미리 혼자만의 시간을 가질 수 있게 해주는 것이 필요하다.

8. 팀 구성원 이용자 매뉴얼 만들기

팀 구성원들에게 자신에 대한 이용자 매뉴얼(user manual)을 만들도록 해서, 동료들이 자신의 업무 선호스타일을 이해할 수 있도록 요청하는 창의적인 전략을 고려해보자. 이 매뉴얼에는 협업 스타일, 집단 업무와 개인업무를 이상적으로 할 수 있는 시간, 동기부여요소, 스트레스를 받는 요인, 업무현장 및 개인생활에서 흥미를 가지고 있는 것들에 대한 내용도 포함시키면 좋다.[71] 나와 함께 작업하고 있는 고객들은 이와 같은 이용자 매뉴얼을 점점 더 많이 활용하고 있는 것으로 보인다. 특히 내향적인 사람들에게 적절한 도구라고 생각된다. 그들은 팀동료들이 자신의 니즈에 대해 파악하도록 하는 데 있어서 서면 커뮤니케이션을 더 선호하기 때문이다.

9. 업무와 관련되지 않은 사교활동을 만들자

한 기술분야의 리더는, 팀빌딩 활동으로, 늦은 오후쯤에 게임을 하는 시간을 마련했던 이야기를 나에게 해준 적이 있다. 그의 말에 의하면, 이 활동을 통해 팀구성원간의 관계가 더 강화되었다고 한다. 대부분의 경우 미팅 때 말을 잘 하지 않던 사람들도 게임 시간에는 긴장을 풀고 자신의 업무에 대해 이야기를 시작했다는 것이다. 환경을 바꿔줌으로써, 사람들은 자신의 담당 업무가 아닌 것에 대해서도 기술적인 조언을 제공해주기 시작했고, 리더는 팀과 업무에 대해 현재 어떤 일이 일어나는지에 대해 더 많은 것을 알 수 있게 되었다. 모두 모여 게임을 해도 좋고, 커뮤니티에서 봉사를 같이 해도 좋다. 사교활동이나 업무와 관련없는 팀 활동을 하게 되면, 내향적인 구성원들이 마음을 잘 열지 못하는 장애물을 극복하게 될 가능성이 높아진다.

10. 각 구성원에게 역할을 주자

모든 팀 구성원들의 적극적 참여도를 높이기 위해 또 한가지 타당성이 증명된 미팅 방법은, 각 참여자들에게 역할을 배정하는 것이다 (예: 기록하는 사람, 진행하는 사람, 시간관리하는 사람 등).

인재 관리 및 조직개발 담당자인 아미 커티스(Ami Curtis)는 제조업 분야에서 이 방법을 활용해보았다. 역할을 맡게 되면서 팀 구성원들은 자신감과 스킬을 얻어서, 미팅 결과에 대한 책임감이 높아진 것으로 나타났다.

11. 두 명으로 이루어진 팀 구성을 고려해보자

내향적인 사람들은 대규모의 미팅보다는 1대1이나 소규모 미팅을 더 선호하는 경우가 많다. 항상 모든 팀구성원들이 참가하는 미팅을 고집하기보다는, 몇 개의 작은 집단으로 나누는 것을 생각해보자. 두세 명 정도만 모여서 이야기를 하면, 자신이 담당하고 있는 특정 과제에 초점을 맞추기가 쉽다. 소규모 미팅을 하면서 같이 산책해보아도 내향적인 구성원들이 이야기를 꺼내기가 조금 더 쉬울 수 있다. 3장에서 리더십에 대해 언급했듯이, 걸으면서 이야기를 하게 되면 내향적인 사람들이 아이디어를 더 자연스럽게 표현할 수 있고, 더 원활하게 아이디어를 떠올릴 수 있게 된다.

12. 글로 써보자

'써보면서 아이디어 만들어내기(brainwriting)'는 내향성-친화적으로 아이디어를 만들어내는 테크닉이다. 각 구성원들이 개념에 대해 적어보고, 그 서면자료를 동료들과 공유해보도록 하는 것이다. 각 구성원들은 서로의 사고에 대해 질문을 해볼 수 있는 기회를 가지게 되고, 그후에 더 생산적인 논의를 할 수 있게 된다. 이런 과정을 통해 성찰을 할 수 있는 자극을 제공해주게 되면, 모든 사람들이 조금 더 적극적으로 아이디어 생산과정에 기여할 수 있게 될 것이다.

13. 투명성 강화

내향적 · 외향적 구성원들이 모두 참여할 수 있는 시스템을 설계해보자. "서비스 제공에 관련된 모든 다양한 참여자들의 시각을 종합적으로 보여줄수 있는 시스템. 그리고 그들의 상호적인 연결성도 나타낼 수 있는 시스템(예: 자료, 에너지, 정보, 금전, 서류의 흐름)." 당신도 의견을 낼 수 있고, 다른 사람의 의견에 대해 수정·보완 아이디어를 낼 수 있는 시스템이다.[72]

팀으로 함께 일하는 것이 적절하지 않을 때는 언제일까?

어느 날이었던가, 나는 한 회사의 휴게실에서 샌드위치를 먹다가, 벽에 붙어 있는 포스터를 우연히 보게 되었다. 활기찬 에너지가 넘치는 청년들이 완벽하게 동작을 맞추어서 보트를 저어 나아가고 있었다. 아마 독자분들도 비슷한 포스터를 보신 적이 있을 것이다. 헤드라인은 "훌륭한 팀워크에서 '나'라는 개인은 존재하지 않는다!"였다.

음, 아마 그런 말이 필요했을 때가 언젠가 있었을 것이다.

팀워크는 정말 많은 사람들의 상호작용을 요구하는데, 이는 내향적인 사람들에게는 다소 버겁게 여겨지는 엄청난 에너지가 필요한 과정이다. 내향적 구성원들에게 혼자 일하면서 재충전을 할 수 있는 시간을 가질 수 있게 해주면, 오히려 동료들과의 상호작용을 더 잘할 수 있게 된다. 언제나 동료들과 함께 어울려 일을 해야 하는 상황이라면, 자기자신의 독특한 시각을 만들어내기가 어렵게 된다. 내향적인 사람들은 다른 사람들의 상황에 대해 생각해보고, 그들의 입장에 대해 고려해볼 수 있는 혼자만의 시간이 필요하다.

사람들이 모여서 브레인스토밍을 하고, 자신의 생각을 입밖으로 꺼내어 이야기하며, 서로의 에너지를 교환하는 상황을 매우 즐거워하고 생산적인 성과를 만들어내는 구성원들도 있다. 하지만, 모든 구성원들이 진정한 협업을 할 수 있게 하려면, 혼자 효과적으로 성과를 만들어내는 사람들의 가치를 잊어버려서는 안 된다. 혼자 생각하고 성찰하며 아이디어를 만들어내는 시간의 가치를 지금까지 너무 무시해버렸던 것은 아니었을까?

또한 창의성은 혼자 조용히 있는 시간에 강화되는 경우가 많다. 혼자 있을 때 '유레카'를 외치는 순간은 과학 및 첨단기술 분야의 많은 발견에서 나타나곤 했다. 그레이스 호퍼(Grace Hopper)가 컴퓨터 언어 COBOL을 설계했을 때, 알버트 아인슈타인(Albert Einstein)이 상대성 이론을 개발했을 때. 가장 최근에 당신이 생산적으로 결과를 만들어낼 때 업무 환경이 어땠었는지 기억해보자. 동료들과 함께 이야기했던 시간은 어느 정도였는가? 혼자서 아이디어를 짜내고, 기록을 하고, 성과를 낼 때 썼던 시간은 어느 정도였는가?

그렇다면, 개인적으로 보내는 시간과, 팀워크를 강화하는 시간 사이의 균형을 어떻게 맞추어서 업무환경을 설계하는 것이 이상적일까? 몇가지 아이디어를 정리해보자.

• 혼자 일할 수 있는 업무시간을 스케줄표에 넣어놓자

마이크로소프트社에서 최근에 진행한 한 연구결과를 보면, 엔지니어들과 구성원들은 자신의 캘린더에 혼자 집중할 수 있는 시간을 미리 잡아놓으라는 권유를 받는다. 미팅이 너무 많다보면, 혼자 일하는 시간은 저녁 퇴근 후나 주말로 미뤄질 수밖에 없기 때문이다. 동료들이

집중업무시간으로 미리 잡아놓은 시간에는 미팅을 잡지 않도록 서로 배려해주게 된다.73

• **첨단기술을 이용하자**

그룹 프로젝트는 미팅만 해서는 진행하기가 어렵다. 슬랙(Slack)이나 트렐로(Trello)와 같은 채팅 도구, 구글 문서(Google Docs)와 같은 파일 공유 앱들을 함께 활용하게 되면, 혼자 고민해보는 시간과 협업 시간을 효과적으로 병행해서 진행할 수 있게 될 것이다.

• **각 구성원의 행동단계를 설계하자**

모든 프로젝트 과정에 모든 사람들이 참여할 필요는 없다. 사실, 전원합의에 대해 지나치게 의존하게 되면, 최종 결과물의 수준이 오히려 낮아질 수 있다. 각 구성원들이 혼자 할 수 있는 행동단계를 구성해보자. 논의가 필요하다면, 1대1 미팅을 하거나, 단기적인 TFT를 구성하는 것도 좋다.

결론

좋은 팀워크는 멋진 성과를 만들어낼 수 있다고 사람들은 이야기한다. 많은 경우, 이 말은 사실이다. 사람들이 함께 모여 문제를 해결하기 위해 노력하는 과정에서 에너지와 창의적인 시너지가 일어나기 때문이다. 내향적인 사람과 외향적인 사람은 모두 집단 협업 및 다양한 사고와 의견들을 공유하면서 도움을 받을 수 있다. 하지만, 당신의 팀에 내향적인 사람이 있다면, 목소리 큰 사람들이 회의를 지배하는 현장에서 그 구성원의 목소리를 듣기가 어려울 수 있다.

리더로서, 당신은 모든 팀 구성원들의 잠재력과 재능들을 최대한 활용해야 할 의무를 가지고 있는 사람이다. 즉, 내향적인 사람들의 목소리가 들릴 수 있도록, 그들의 니즈와 선호도를 잘 파악하고, 유연하게 업무환경을 설계하기 위해 당신은 고민해야 하는 것이다. 내향적인 구성원들에게는 미팅 전에 혼자 준비할 수 있는 시간을 보장해주어서, 미팅 때 자신이 가지고 있는 자원을 충분히 보여줄 수 있도록 해주자. 그래서 자신이 분명히 업무진행과정에 충분히 기여하고 있다는 것을 느낄 수 있도록 도와주는 것도 리더가 해야 할 일이다.

핵심요약 생산적인 팀은 각 구성원들이 자신만의 독특한 방법으로 업무진행과정에 기여할 수 있는 다양성을 보장해준다.

내향적인 구성원의 역량을 잘 활용하기 위한 5가지 유의점

1. 모든 구성원들이 미팅에 적극적으로 참여할 수 있는 기회를 얻을 수 있도록 조력하자. 시간과 주제를 조율하는 역할을 부여해도 좋고 서면으로 아이디어를 공유할 수 있는 시스템을 만들어도 좋다.

2. 미팅 아젠다를 공유할 때에는 미팅 전에 구성원들이 미리 생각해볼 수 있도록 세부적인 논의주제를 미리 제공해주자. 사람들이 이야기하는 모든 말에 대해 감사를 표현하고, 완벽한 말만 할 필요는 없다는 것을 명확하게 이야기해주자. 나쁜 아이디어라는 것은 존재하지 않는다!

3. 팀구성원들에게 자신에 대한 이용자 매뉴얼을 작성해서, 업무와 협업에 대해 어떤 스타일을 선호하는지에 대해 세부적으로 적어보도록 하자. 이 과정을 통해 사람들은 가장 생산적으로, 가장 효율적인 시간 내에 서로 상호작용을 할 수 있는 방법을 배울 수 있게 될 것이다.

4. 내향적인 구성원들이 동료들과 어울릴 때 어려워하는 장애물을 줄여주고, 업무 이슈에 대해 자신의 의견을 이야기할 수 있도록 지원하는 팀활동 기회를 제공해주자.

5. 팀 문화를 평가해보고, 어떤 분야를 개선해야 할지에 대해 파악해보자(예: 신뢰나 의사결정). 그런 과정을 통해, 모든 구성원들의 기여도를 높일 수 있는 개방적이고 포용적인 환경을 구축할 수 있을 것이다.

내향적 구성원에게 친화적인
일터 만들기

8장

학습과 발전을 지원하기

"내향적인 구성원에게 관심을 가지고 지원해주려 하는 팀들도 있지만, 대부분의 경영진은 그런 행동이 별 가치가 없다고 생각하죠. 그러다보니, 어떤 팀에서는 교육이나 업무진행방법을 보다 효과적으로 변화시키려 노력하지만, 새로운 변화란 기대할 수도 없는 팀들이 더 많을 수밖에 없습니다. 제 희망으로는, 팀 수준에서 작은 변화들을 추구하기보다는, 전체적인 조직이 이 내향적인 구성원들에 대해 관심을 좀 보여주었으면 좋겠습니다. 조직이 앞으로 더 성장하기 위해서는 이것이 정말 중요한 이슈라는 것을 경영진에게 설득할 필요가 있겠죠."

– 2019년 일터 서베이 응답자

언젠가 서른명쯤 되는 내향적 엔지니어들에게 리더십을 강의하기 위해 한 호텔 회의실의 단상에 서 있었던 때가 이상하리만큼 명확하게 기억난다. 정말 우리 모두가 장례식에 참석해서, 고인에게 인사를 하기 위해 관 앞에 줄 서 있는 기분이었다. 그만큼 완벽한 침묵만이 존재하고 있었기 때문이다.

아주 작은 반응이라도 얻어내기 위해 내가 할 수 있는 모든 짓을 다해보았다. 질문도 더 많이 해보고, 재미있는 이야기를 들려주기도 하고, 회의실을 더 많이 누비고 다니고, 손동작 발동작 안해본 것이 없었다. 아무것도 효과적이지 않았다. 교육생들도 나와 비슷한 마음이었을 거다. 어떻게 하면 사람들을 교육과정에 참여시킬 수 있을까를 고민하며 진땀을 흘리는 나를 바라보며 당황스러움을 느끼고 있지는 않았을까.

5년이 지난 후, 그때와 동일한 회의실에서, 30명의 새로운 내향적 엔지니어들을 만나게 되었다.

교육생들은 잘 웃었고, 활기가 넘치는 모습을 보여서, 옆방에 있던 손님들이 시끄럽다고 불평했다는 호텔 직원의 예의바른 질책을 받아야 했다.

두 번의 교육 사이에 있던 5년 동안 어떤 상황이 변화했던 것일까?

변화했던 것은 교육생들이 아니라, 내가 강의를 하고 있는 대상인 내향적인 사람들에게 관심을 가지게 되어서, 그들에게 제대로 다가갈 수 있는 방법을 찾았다는 사실이었다. 나는 그 사람들을 도울 수 있는 방법을 찾고 싶은 마음을 강의자료에 담았고, 내향적인 엔지니어들이 동료들과 잘 어울릴 수 있기를 바랐다. 운좋게도, 나는 내향적인 교육생들과 함께 일해보면서, 다양한 접근법들을 실험해보았고, 그중에서 최적의 효과가 있는 방법이 어떤 것인지를 찾아볼 수 있었다.

내가 내향적인 구성원들에 대해 배우게 된 지식을 바탕으로, 나는 강의전략을 새롭게 설계했고, 어떤 성격 유형을 가진 사람들에게도 유연하게 접근하는 법을 연습할 수 있었다. 내가 여러가지 경험을 통해 배웠던 것을 8장에서 독자들과 함께 공유해보려고 한다. 당신이 조직에서 어떤 역할을 맡든지 간에, 그 내용들을 기반으로 해서 구성원들을 지원할 수 있을 것이다.

학습과 개발의 현 상태 파악

첫번째로, 조직의 훈련담당부서가 어떻게 기능하고 있는지에 대해 점검해보자. 요새 우리가 학습과 개발(L&D: learning and development)이라고 부르는 기능 말이다. 담당자들은 '학습과 개발'이 조직성장에 있어서 핵심적인 요소라는 사실을 최고경영진에게 설득하기 위해 계속 애를 써야만 했었다. 대부분의 경우 교육생 훈련에 쓰이는 비용은 필요시 가장 먼저 줄여야 할 부분이라고 생각되곤 했고, 장기적으로 유지되는 효과가 전혀 없다고 비난받는 때가 많았기 때문이다. 넷플릭스의 전 최고인재관리책임자였던 패티 맥코드(Patty McCord)는 구성원의 스킬 훈련 프로그램에 비용을 쓰기보다는, 사업의 기반을 명확하게 이해하기 위한 예산을 편성하는 것이 더 효과적이라고 생각하고 있었다.[74]

하지만, 다른 리더들, 특히 HR 분야의 관리자들은 구성원 훈련이야말로 조직문화를 긍정적인 방향으로 강화하고 지지할 수 있는 효과적인 방법이라고 믿고 있었다. 앞에서 언급했던 미국항공우주국(NASA)의 쉐릴 브루프(Sheryl Bruff)는 MBTI 성격검사를 활용한 훈련 프로그램을 진행해서, 내향적인 사람들이 이야기를 할 수 있는 기회를 열어주었고, 리더들이 검사결과를 조직관리에 사용할 수 있도록 도와주었다.

나는 쉐릴이야말로 옳은 방향으로 나아가고 있는 리더들 중의 하나라고 생각한다. 조직 구성원의 학습과 개발을 어떤 식으로 해나가든지 간에, 훈련 대상자의 절반 정도는 내향적인 사람들이다. 내향성이란 어떤 것인지, 그리고 내향적인 사람들에게 효과적인 훈련을 어떻게 할 것인지에 대해 배우는 것은, 전체적인 조직 구성원의 잠재력을 최적화시키는 데 있어서 핵심적인 요소이기 때문이다.

내향성 자각 훈련

"바로바로 머리에 떠오르는 생각을 입밖으로 내어 표현하도록 재촉하기보다는, 중간중간에 침묵도 존재하고, 좀더 심층적인 논의가 가능한 분위기가 조성되었으면 좋겠습니다. 스스로에 대해 자각하고, 다른 사람들에 대해 이해하는 것부터 시작해서, 서로를 존중하는 태도를 구축하고 강화해나갈 수 있기를 기대합니다. 실력있고 포용력있는 집단리더가 MBTI 팀 워크샵을 진행하도록 하는 것이 성공적인 결과를 만들어낼 수 있는 비결일 겁니다."

– 2019년 일터 서베이 응답자

내향성에 대해 사람들을 교육시킬 때, 내가 운영하는 회사에서는 기조강연과 세부훈련 프로그램을 이런 식으로 개발하였다. 다양성과 포용성을 길러줄 때 내향성에 대한 내용을 반드시 포함시키고, 그러한 내용을 만들 때에는 조직 내부의 내향적인 리더들과의 인터뷰, 자유로운 논의, 독서토론, 웨비나를 활용하였다.[75] 쉐릴 브루프가 노력했듯이, 우리는 조직과 함께 내향적인 사람들이 가지고 있는 강점과, 일상에서 마주하게 되는 도전과제를 전체 구성원들에게 알려주기 위해 애썼다. 내향적인 리더와 인플루언서들이 가지고 있는 조용한 강점을 강화하고, 더 외향적인 성향을 가지라는 압력을 받지 않도록 하는 솔루션 기반의 접근법을 교육하였다. 이 강의와 훈련 프로그램의 목표는 내향적인 사람들의 니즈를 최대한 이해하고, 일터 문화를 더 내향성-친화적으로 바꾸기 위한 방법을 리더들에게 교육하기 위한 것이다.

하지만, 이 교육시간에 참여한 외향적인 사람들은 그다지 큰 관심을 보이지 않았다. 외향적인 구성원들은 외향성을 기반으로 구축되어 있는 일터 문화에서 살아남기 위해 내향적인 사람들이 견뎌내야 하는 고통을 잘 느끼지 못하는 경우가 많은데, 아마 이것도 하나의 이유가 되는 것 같았다. 어떤 조직에서는, 내향적인 사람들과 외향적인 사람들이 함께 일할 때 얼마나 강한 파트너십을 만들어낼 수 있는지를 보여주기 위해, 다양한 성격유형의 교육생들이 섞여 있는 클래스를 만들었다. 내향적인 리더십에 초점을 맞춘 클래스에서는 외향적인 구성원들도 높은 참여율을 보였지만, 두가지 유형의 시너지를 목표로 하는 클래스에서는 외향적인 사람들이 그다지 적극적으로 참여하지 않았다.

하지만, 외향적인 사람들이 일을 할 때 내향적인 동료들의 니즈를 충족시키는 것이 필요하다는 사실을 자각하기 시작한 최근의 변화로 인해 나는 희망을 가지고 있다. 첫째, 나와 함께 일했던 외향적인 고객들의 이야기를 들어보면, 내향성 자각 교육을 받고 나서, 일상 생활에 교육받았던 내용을 적용하기 시작했다고 한다. 자신과 전혀 다른 성격

유형을 가진 배우자와 함께 살고 있고, 그리고 또 한번도 보지 못한 성격 유형의 자녀를 양육하고 있는 일상 생활에 말이다. 교육을 통해 깨달은 점과 배웠던 새로운 아이디어를 가정생활에 적용하기 시작하면서, 외향적인 고객들은 일터에서도 상대방의 말을 듣기 시작했고, 민감성 수준을 높이며 자신과 상대방에 대한 자각을 더 많이 하기 위해 노력하게 되었다.

둘째, 내향적인 사람들은 교육 프로그램에서 논의했던 내용들을 업무현장에서 팀동료들과 함께 일할 때 적용하기 시작했다. 훈련에서 배웠던 이상적인 행동들을 미팅, 채용과정, 일터 설계를 할 때 시도해보기 시작한 것이다. 조직의 동료들에 대해 관심과 호기심을 더 많이 가지게 되면서, 관련된 책을 읽기 시작했고, 독서토론도 같이 하게 되었으며, 조직에 존재하는 동일한 성향의 구성원들에 대한 주제에 대해 논의하는 기회를 갖게 되었다. 리더들이 조직의 다양성을 강화하기 위해 시간과 에너지를 점점 더 많이 투자하게 되면서, 이와 같은 교육 기회를 강화하는 것이 전체적인 조직문화에 지속적으로 긍정적인 영향을 줄 수 있게 되었다.

내향적 구성원에 대한 훈련: 비효과적인 방법

내향성을 가지고 있는 구성원들(전체의 절반 정도)에 대한 훈련내용을 일터에 적용시키는 것이 매우 긍정적이기는 하지만, 안타깝게도 내향성-친화적인 일터에 대한 우리 서베이의 응답자들은 대부분의 훈련 프로그램들은 참가자들의 학습 선호도를 고려해주는 경우가 거의 없다고 이야기해 주었다.

예를 들어 생각해보자. 내향적인 사람들이 새로운 정보를 흡수할 때 꼭 필요한 활동인 토론과 성찰 시간이 조직 훈련 프로그램에 포함되어 있다고 대답한 경우는 34%밖에 되지 않았다. 그래서 이제부터는 내향적인 사람들에게 효과가 별로 없는 기존 훈련 프로그램의 특성에 대해 정리를 해보려고 한다(예: 집단 활동, 짧은 시간 내에 성과 만들어내기, 외향적인 참가자들이 대화를 지배하도록 허용하기).

피상적이고 속도만 중요시하는 집단 활동

토니 로빈스(Tony Robbins)와 같이 인플루언서 강연자에 의해 에너지를 받을 수 있는 시간은 항상 인기가 높다. 하지만, 이와 같은 학습과 개발 과정은 외향적 분위기를 중심으로 진행이 된다. 최근에 내가 참가했던 컨퍼런스의 집단 활동에서는, 새로운 사람들을 만나서 그다지 깊이가 없고 별 의미가 없으며 짧기까지 한 상호작용을 하라는 여러가지 지시들이 마이크를 통해 큰 소리로 울려퍼지고 있었다. 한 참가자는 완전히 좌절스러운 표정을 하고, 나에게 숨죽여 속삭였다. "이건 좀 지나치네요". "시간 다 됐습니다! 다음 파트너에게 옮겨가세요!"와 같은 강사의 간섭이 몇번 있은 후에는, 꽤 많은 사람들이 슬금슬금 방을 빠져나가고 있는 것을 볼 수 있었다. 아마, 그중에는 내향적인 사람들이 다수 포함되어 있었을 것 같다.

성과창출에 대한 독촉

교육 프로그램을 진행하는 강사들은 더 많은 내용을 전달하게 되면, 사람들이 더 많이 배울 거라는 오해를 기반으로, 너무나 많은 자료들을 강의시간에 꽉꽉 채워넣는다. 이로 인한 부정적인 영향은 분명하다. 지나치게 교육내용이 많다보면, 강사들이 서두르게 되고, 자신이 계획한 강의의 양에 압도되어 참가자들을(특히 내향적인 사람들을) 불안하게 만든다. 구성원들에게 정말 도움이 될만한 교육자료를 만들려면 강사들은 한 번의 교육에서 3개에서 5개 정도의 아이템을 다루는 것이 좋다고 제안하고 싶다.[76]

외향적인 사람들이 분위기를 주도하도록 허용하기

우리가 지금까지 참가해봤던 교육장 분위기를 보면, 특정 참가자가 지나치게 적극적으로 참여를 하면서, 다른 사람들이 교육과정에 기여할 수 있는 여지를 전혀 남겨두지 않는 경우가 대부분이었다. 그 결과, 집단교육과정은 강사와 적극적 참가자 한 명간의 1대1 세션이 되어버리고, 우리는 목소리를 높이지 않는 내향적인 사람들의 근사한 아이디어를 듣지 못하게 된다. 이상적으로 생각해보면, 강사는 자꾸 앞에 나서서 크게 이야기를 하려고 하는 사람들을 어떻게 관리할 것인지, 그리고 내향적인 사람들을 어떻게 참여시킬 것인지에 대해 잘 알고 있어야 한다. 하지만, 안타깝게도, 많은 강사들은 목소리 큰 참여자들을 통제하기를 어려워하고, 우아한 태도만 유지한 채 어떻게 해야할지 모르는 경우가 많다.

내향적인 구성원을 위한 훈련: 효과적인 방법

정교하게 쓰여진 대본을 기반으로 쓰여진 영화와 같이, 최고의 교육 프로그램은 설계가 탄탄하게 되어야 효과가 좋다. 당신이 외향적인 사람이라면, 내향적인 사람들을 교육프로그램 설계과정에 참여시키고, 당신이 내향적인 사람이라면, 외향적인 구성원들을 설계과정에 참여시키자. 개인활동과 1대1 활동은 충분히 포함되었는가? 사례연구는? 시뮬레이션은? 그날 배운 것에 대해 성찰하고 정리해볼 수 있는 시간은 배정해 두었는가?

내향적인 사람들이 자기주도적으로 심층적인 성찰을 하고자 했고, 기대한 것 이상으로 성공적인 결과를 만들어낸 창의적인 프로그램 설계의 실례를 한가지 소개한다. 우리는 커뮤니케이션 수업을 듣고 있는 학생들을 프로그램에 참여시켜서, 기술 전문가들이 3일 동안의 교육과정 동안 우주선을 만드는 것을 조력하도록 했다. 참가자들은 자신이 배운 커뮤니케이션과 팀워크 개념을 실제 프로젝트 현장에 적용해보았고, 성과를 만들어내는 것과 병행해서 구성원들과 신뢰구축을 하기 위해 노력하는 모습을 보였다.

이와 같은 교육과정은 내향적인 사람들에게 효과적일 수 있다. 자기 혼자 작업을 하는 시간도 보장되고, 소규모 집단과 어울려 자신의 아이디어를 공유하는 시간도 마련되어 있기 때문이다.

지금부터는 내향적인 구성원에게 가장 효과적인 훈련 프로그램의 특성에 대해 보다 세부적으로 정리해보도록 하겠다. 사전준비과정 제공하기, 참가자의 특성에 대해 파악하기, 그 특성에 맞게 유연하게 프로그램 설계하기, 자연스러운 교육 흐름 계획하기, 그리고 참가자들이 필요한 부분을 기록할 수 있도록 하기.77

사전준비과정 제공하기

내향적인 사람들은 준비하는 것을 매우 잘한다. 그래서 교육 전에 참가자들이 살펴볼 수 있는 자료를 제공하는 것은 큰 도움이 될 것이다. 교육과정에 관련되어 읽어볼 자료, 퀴즈, 생각해볼 질문들을 주자. 내향적인 사람들은 미리 교육내용에 대해 신중하게 생각해볼 수 있는 시간을 가지게 되는 것을 좋아할 것이다.

내가 아는 어떤 강사는 미리 짧은 퀴즈를 참가자들에게 보내주고, 교육의 시작 부분에 그 결과를 요약해주는 것을 좋아한다. 이와 같은 준비과정을 통해 강사는 교육이 시작되자마자 본론으로 들어갈 수 있다. 어느 정도의 기본 내용이 이미 정리되어있기 때문에, 강사는 주제에 대해 더 심층적으로 다룰 수 있다. 이것 또한 내향적인 사람들이 선호하는 강의방법이다.

참가자들이 교육을 준비할 수 있게 강사가 조력하는 또 다른 방법은, 미리 질문 문항을 보내주어 참가자들의 답을 받는 것이다. 내가 강의를 할 때 많이 쓰는 방법이다. 이런 과정을 통해 나는 교육과정을 참가자들에게 맞게 맞춤화할 수 있고, 참가자들이 현재 경험하고 있는 이슈들에 대해 이야기할 수 있게 된다. 내 동료들 중 한 명은 참가자들이 자신의 아이디어를 업로드할 수 있는 공유 폴더를 미리 만들어두는 것을 좋아한다. 서면 소통을 선호하는 내향적인 사람들이 특히 이 방법을 환영한다.

작가 팻 맥라건(Pat McLagan)은 4.0 버전의 학습 마인드를 가질 필요성에 대해 글을 썼다. '성찰할 시간을 가지는 것', '매우 빨리 변화하는 세상에 대해 심층적으로 고민해보기'.

팻은 새로운 정보를 배우기 전에, 자가테스트를 해보면서, 호기심과 집중력 수준을 높이기를 제안한다.

참가자에 대해 파악하기. 그리고 참가자들도 강사에 대해 이해할 수 있도록 해주기

교육과정에 참가하는 사람은 누구인가? 그들은 어떤 역할을 맡고 있는가? 연령, 젠더, 민족, 문화적 배경은 어떠한가? 내향적인 사람, 외향적인 사람, 양향적인 사람들은 누구인가? 참가자들의 조직에서는 현재 어떤 일이 일어나고 있는가?

강의를 준비하는 과정에서, 나는 한 참가자와 이야기를 나눌 수 있는 기회가 있었다. 그는 지난 다섯 달 동안 상사가 다섯 번 바뀌었고, 그런 일은 꽤 종종 있다는 말을 해주었다. 나는 이 이야기를 듣고, 이 조직에서는 변화와 탄력성에 대해 어떻게 여기고 있는지에 대해 많은 정보를 얻을 수 있었고, 참가자들이 꽤 큰 좌절을 겪고 있을 것에 대해 준비할 수 있었다. 사람들이 숨을 쉴 시간이 필요하다는 사실을 사전에 파악할 수 있었기 때문이다.

내 성격상 모든 것을 빨리빨리 준비하는 사람은 아니지만, 강의를 할 때 교육장에 일찍 도착하게 되면, 참가자들이 들어올 때마다 1대1로 이야기를 할 수 있다는 강점이 있다. 그러한 과정을 통해 나는 좀더 차분해지고, 마음의 준비를 많이 할 수 있게 된다. 내향적인 사람들에게 에너지를 충전해줄 수 있는 장점도 있다. 나는 교육장을 한바퀴 돌면서 자리에 앉아 있는 사람들과 이야기를 나누고, 그들의 이름을 외운다. 그 강의가 온라인 세션이라면, 채팅박스를 활용해서 교육생들과 상호작용할 수 있는 온라인 휴게실을 만들 거고, 서로 이야기를 나눌 수 있는 장을 마련해줄 것이다. "오늘은 어떤 기분으로 오셨어요?"와 같은 질문은 좋은 아이스 브레이커가 될 수 있다.

유난히 조용해 보이는 교육생과 라포를 형성할 때 가장 효과적인 방법들 중 하나는, 개인적인 이야기, 특히 재미있는 이야기를 활용하는 것이다. 내가 좋아하는 유머러스한 이야기들 중 하나는, 내향성을 가진 연인 빌(Bill)과 제대로 이야기를 하기가 어려웠을 때, 결혼을 해야 하나 말아야 하나를 고민해봤다는 것이다.

에너지 재충전을 할 수 있는 시간이 필요하다고 빌이 이야기를 할 때마다, 나는 내가 뭘 잘못했는지, 뭐가 문제인지에 대해 계속 물어봤었다. 물론, 그는 그냥 조용히만 있어달라고 부탁했고, 언젠가 내 손녀 에이바(Ava)도 내게 말했듯이, "제발 당신은 머릿속으로만 생각을 했으면 좋겠다"고 이야기했다.

나는 교육 프로그램에서 내향적인 사람들과 외향적인 사람들이 서로 다른 언어를 쓴다는 사실을 자주 강조하는 편이다. 이와 같이 주제

내향적 구성원에게 친화적인
일터 만들기

와 관련된 이야기를 하게 되면, 강의초반부터 사람들과의 관계가 구축되기 시작한다. 또 긴장된 분위기를 풀기 위해 만화나 소도구를 이용해서 유머러스한 말을 할 수 있는 기회를 만들기도 한다. 어떤 내용의 강의를 하든지 간에, 편안한 분위기를 만들게 되면 내향적인 사람이나 외향적인 사람이나 모두 적극적으로 참여하기가 좀더 쉬워진다.

사람들을 환영하는 분위기 만들기

편안한 분위기에 대해서는, 5장에서 내향성-친화적 일터환경 설계에 대해 언급했었다. 내향적인 사람들이 소음과 빛에 대해 예민해하는 것을 잘 이해하고, 그들이 편안하게 일할 수 있는 환경을 관리하는 것이 얼마나 중요한지 말이다. 이는 강의에도 동일하게 적용할 수 있는 사실이다. 내향적인 사람들이 여유있게 숨을 쉴 수 있도록 테이블과 의자를 신경써서 배치하자. 조명강도를 너무 세지 않게 하자. 마이크 소리가 너무 크지 않게 해주자. 이렇게 세세한 점까지 신경을 쓰게 되면, 교육 프로그램의 효과를 강화할 수 있게 되고, 내향적인 사람들뿐 아니라 모든 사람들이 긍정적인 경험을 할 수 있게 될 것이다(외향적인 사람들도 머리 위에서 지나치게 밝은 조명이 번쩍이는 것은 별로 좋아하지 않는다).

강의의 흐름을 유연하게 조절하기

리듬이 빠른 곡과 느린 곡을 적절히 섞어서 배치한 콘서트와 같이, 강의를 진행할 때 강사가 어떻게 효과적인 리듬을 만들어낼지에 대해 생각해보는 것은 중요한 일이다. 교육 프로그램의 흐름에 있어서 다양성을 추구하는 태도는, 모든 교육생들에게(내향적인 사람들, 외향적인 사람들, 양향적인 사람들) 교육의 내용을 잘 이해할 수 있게 해준다.

강의를 진행할 때 내가 특히 신경쓰는 것은, 이야기하는 속도이다. 외향적인 사람들이 시도해볼 수 있는 가장 좋은 방법은 중간중간 말을 멈추고 호흡을 하는 것이다. 나는 되도록 강의 중간중간에 충분한 휴식시간을 배치해서, 사람들이 신체적으로나 심리적으로 스트레칭을 할 수 있게 해준다. 하루종일 강의가 있는 경우라면, 오전에 한번, 점심에 한번, 오후에 한번 쉬는 시간을 가질 것을 권한다. 강의중에도 스트레칭과 짧은 휴식시간을 자주 갖는 것이 바람직하다. 한 내향적인 교육생은 사람들에게서 떨어져서 배터리를 재충전할 수 있는 기회를 가질 수 있었던 것에 대해 감사를 표했다. 반나절짜리 강의라면, 최소한 한번 이상의 브레이크가 필요하다.

교육생들이 직접 글쓰는 시간을 갖도록 하기

내향적인 사람들은 글을 통해 자신을 표현하는 것을 가장 편안하게 느끼는 경우가 많다. 그래서 나는 교육생들이 강의중에 자신의 노트를 작성하고 리뷰할 수 있는 시간을 충분히 주는 편이다. 교육생들의 적극적인 참여를 촉진하는 또 하나의 좋은 방법은, 사람들이 질문에 대한 답을 미리 적어본 후에, 사람들과 공유하도록 하는 것이다. 이는 팀빌딩에 대해 7장에서 논의했던, 브레인라이팅 테크닉과 비슷한 것이다. 아무런 사전고지가 없는 상태에서 질문만 던지고 즉흥적인 답을 말하라고 할 때보다, 미리 글을 써본 후에 대답을 하도록 할 때 교육생들은 더 많은 참여를 하는 편이다. 그리고, 글을 쓰는 시간을 갖게 되면, 내향적인 사람들과 외향적인 사람들 모두 더 신중하고 내용이 풍부한 대답을 할 수 있게 된다. 결국 전체 집단의 학습효과를 강화하게 되는 것이다.

내향적인 사람들에게 효과적인 새로운 학습 방법

인바티 컨설팅社(Invati Consulting)의 대표이사이자 학습 전문가인 크리스탈 카다키아(Crystal Kadakia)와 교육 설계 전략社(Training Design Strategies)의 대표인 리사 오웬스(Lisa M.D. Owens)는 우리가 학습에 대한 사고를 디지털 시대라는 새로운 맥락에 맞게 변화시켜야 한다고 믿고 있다.[78] 현대의 학습자들은 문제에 대한 해답을 곧바로 얻을 수 있기를 기대하며, 답을 찾을 수 있는 자원을 무궁무진하게 많이 가지고 있다. 교육생들의 환경이 빨리 변화하고 있고, 그들의 학습 니즈는 그 이상으로 빨리 변하는 중이다.

미국경영학회나 구글과 같은 조직들은 다양한 학습 선호도에 맞는 다양한 주제와 다양한 유형의 교육 프로그램들을 제공하는 관리 시스템을 점점 더 많이 구축하고 있다. 현대의 학습자들은 대부분, 자신의 니즈에 맞춤화된 온라인 교육 프로그램을 가장 선호하는 편이다. 특히 내향적인 학습자들은 온라인 교육을 들으면서, 자신의 페이스에 맞춰 공부하고 나름대로의 시간 계획을 짤 수 있기를 바란다. 그리고, 자신이 원할 때 좀더 깊이 파고 들어가서 심층적으로 생각해볼 수 있기를 기대한다.

하지만, 내향적인 교육생들뿐 아니라 내향적인 강사들도 온라인 학습 · 개발 프로그램에서 이와 같은 혜택을 받지 못하고 있다. 카다키아는 이런 지적을 해주었다. "대부분의 내향적인 사람들은 교육장에서 눈에 띄게 적극적인 활동을 못할지도 모르지만, 온라인 교육에서는 정말 훌륭한 분야전문가로 활약할 수 있습니다." 웨비나와 온라인 교육을 효과적으로 운영하려면 퍼실리테이션 스킬이 꽤 많이 필요하긴 하지만, 실제 교육장의 역동을 조율하는 것과는 상당히 차이가 있다. 온라인 교육 프로그램의 강사는 실제 눈앞에 있는 교육생들에게 대처해야 하는 압력 없이 내용을 공유할 수 있기 때문이다.

너무나 빠른 속도로 첨단기술이 발달함에 따라, 창의적이고 비용도 저렴한 교육 솔루션들을 쉽게 구할 수 있다. 회사들이 내향적인 사람들과 외향적인 사람들을 모두 존중하는 방법으로 역량개발을 시킬 수 있는 프로그램들 말이다. 에퀴팩스(Equifax)社를 포함하여 다양한 회사들에서 일해왔던, 진보적인 사고를 가진 커뮤니케이션 담당 임원 존 엘더맨(Alderman)은 교육과 개발을 통해 구성원의 적극적 참여도를 높일 수 있다고 확신한다. 교육에 쓸 수 있는 예산이 없었을 때에도, 존의 회사에 근무하는 내향적인 사람들은 그의 창의적인 접근방법에 의해 많은 혜택을 받을 수 있었다.[79]

존은 조지아주방위군에서 일할 때, 조직의 시니어 리더들로 하여금 짧은 동영상을 만들도록 하는 작업을 시작했다. 자신의 리더십 경험과 그를 통해 배웠던 교훈을 담은 내용을 구성원들과 공유할 수 있도록 하는 것이 목적이었다. 임원들에게 보다 쉽게 다가갈 수 있게 해주는 이와 같은 대화시도는 많은 것을 배울 수 있는 기회를 제공하였고, 구성원들의 수용도도 매우 좋았다. 내향적인 사람들은 자신의 속도에 맞춰, 적절한 시간에 그 동영상을 볼 수 있었다는 장점도 매우 컸다.

전체 조직에 학습기회를 보다 많이 전파하기 위해, 존은 리더십 도서들을 500자 이내로 요약한 자료를 팀구성원들에게 제공하고, 다른 리더들도 이와 같은 구성원 조력작업에 참여하도록 촉진했다. 이와 같은 도서 리뷰 자료는 주방위군의 월간잡지에 실렸고, 웹사이트에 업로드되었으며, 보다 많은 구성원들에게 접근하기 위해 소셜미디어의 콘텐츠로도 활용되었다. 즉, 이전에는 눈에 잘 띄지 않았던 구성원들(특히 내향적인 사람들)이 이제 바로바로 자료를 받아볼 수 있게 되었고, 리더들과의 연결관계를 구축하기 시작할 수 있게 되었다는 것이다.

존은 가장 최근에 근무했던 회사에서, 군대에서의 경험을 기반으로 하여 매우 내향성-친화적인 교육 및 개발 프로그램을 구성하였다. "우리는 매일 아침에 5분 브리핑 미팅을 시작했습니다. 개념을 공유하고, 그 개념에 대한 개인적인 의견을 이야기하고, 그 개념을 우리 회사에 어떻게 적용할 수 있을지에 대해 말하는 시간이었습니다."라고 존은 설명했다. 이 시간을 통해 내향적인 구성원들은 보다 안전감을 느끼는 환경에서 자신의 의견을 자발적으로 낼 수 있었다. 그리고, 다른 팀구성원들도 새로운 아이디어를 들으면서 도움을 받게 되었다. 이 사례에서 명확히 볼 수 있듯이, 존은 팀에서 함께 일하는 내향적인 구성원들을 적극적으로 참여시키는 방법을 언제나 찾으려 애썼고, 덕분에 생산적인 결과가 많이 만들어졌다.

결론

학습과 개발과정은 조직문화와 사업전략을 보다 긍정적인 방향으로 강화할 수 있기 때문에, 구성원을 적극적으로 참여시키고, 성과를 향상시키는 데 있어서 핵심적인 역할을 한다. 대부분의 경우 전체 구성원의 절반 정도가 내향성을 가지고 있기 때문에, 어떤 교육 프로그램이든지 성공을 기대한다면, 내향적 사람들의 학습 선호도를 고려하는 것이 매우 중요하다(예: 사전 준비에 충분한 시간을 들이기, 휴식시간을 갖기, 기록하기).

물론, 내향적인 사람들에게 잘 맞는 교육 및 개발 프로그램을 만드는 데 있어서 첫 단계는 조직에 내향적 구성원들이 많다는 사실에 대해, 그리고 공통적인 내향성의 특징에 대해 사내 강사 및 조직 리더들에게 명확하게 알려주는 일이다. 그러기 위해서는, 최고경영진부터 구성원까지 MBTI와 같은 성격검사를 하도록 해서, 다양성에 대한 이해도를 높이고, 내향성에 대한 자각을 할 수 있는 교육 모듈을 만들 수도 있겠다.

핵심 요약 내향적인 교육생들을 잘 이해하고, 그 지식을 기반으로 교육 설계를 하게 되면, 어떤 강의를 하든지간에 효율성을 높일 수 있을 것이다.

내향적 구성원에게 친화적인
일터 만들기

내향적인 구성원들을 위한 교육·개발 프로그램 설계시 5가지 유의점

1. 강사들이 내향성의 특징과 내향적인 사람들의 선호도에 대해 잘 이해할 수 있도록 훈련시키자.

2. 교육에서 다룰 주제에 대한 참가자들의 편안함을 높여주기 위해, 미리 자료를 제공해 주자.

3. 물리적인 환경을 최적화하자. 따뜻한 조명, 적절한 마이크 소리, 편안한 좌석과 공간.

4. 내향적인 사람들이 교육과정에 기여하고 싶은 마음이 들도록 시간과 공간을 마련해주자(예: 성찰을 위한 휴식시간 제공하기, 발표하기 전에 질문에 대한 대답을 미리 적어보도록 하기).

5. 온라인 교육을 할 때 창의성을 높이자. 내향적인 사람들이 자신의 시간과 속도에 맞게 학습할 수 있도록 말이다.

내향적 구성원에게 친화적인 일터 만들기: 한 번에 하나씩

내가 성장했던 가정은 목소리를 높여 활기차게 이야기하는 걸 즐기는 분위기였다. 우리집은 뉴욕 JFK 공항의 활주로에 가까이 있었다. 비행기들이 많이 착륙하는 시간은, 우리 가족 네명이 저녁식사를 하는 시간과 정확하게 일치했다. 비행기들이 우리 집에 가까이 오기 시작하면, 엔진소리가 엄청나게 크게 공기를 울렸지만, 우리는 이야기를 멈추지 않았다. 그저, 목소리를 더 크게 냈을 뿐이다. 한번은 동네 중국집에 외식을 하러 갔는데, 지배인이 우리가 너무 시끄럽다고 독립된 방으로 옮겨주었던 일이 있었는데, 우리 식구들은 항상 이때를 재미있었던 일로 회상한다.

하지만, 그렇다고 해서 우리 가족 네명이 언제 어디서든지 목소리를 높이는 것은 아니었다. 가족들이 모두 모여서 동네 도서관을 찾는 평화로운 때에는 아주 조용한 시간을 보내곤 했다. 아버지 앨빈 보레츠(Alvin Boretz)는 오랜 기간 동안 대표이사와 임원의 역할을 맡았었다. 그에게 있어서, 도서관은 목소리를 낮추고, 조용히 책내용에 대해 토론하고, 혼자 상상의 나래를 펼칠 수 있는 귀중한 장소였다.

우리 가족이 조용한 환경과 시끄러운 환경, 각각에서 적절한 모드로 움직일 수 있었듯이, 조직에서도 구성원들이 다양한 행동들을 유연하게 배울 수 있기를 나는 희망한다. 이 책에서 주장하듯이, 내향적인 사람과 외향적인 사람들 모두 가지고 있는 자원을 최대한 활용할 수 있는 공간과 구조를 구성원들에게 제공해주는 것이 필요하다. 이것이야말로 모든 구성원들의 재능이 잘 발휘되도록 돕는 일이 될 것이다.

조직의 분위기가 매우 빨리 변화하고 있다. 업무 문화는 이미 보다 다양한 특성의 사람들을 포용하는 쪽으로 움직이고 있다는 것을 나는 목격하고 있다. 우리는 내향성-친화적 일터를 구축할 수 있는 긍정적인 기회를 지속적으로 만들어낼 필요가 있다. 이와 같은 작업을 하는 데, 도움이 될 수 있는 방법을 끊임없이 고민해보는 것이 중요할 것이다.

이제부터 해야 할 일

우선, 1장에 실어 놓은 퀴즈를 풀어보면, 당신의 조직이 어느 정도 내향성-친화적인지, 그리고 가장 취약한 부분이 어디인지, 가장 먼저 공략해야 할 곳이 어디인지를 파악해볼 수 있을 것이다. 당신의 조직에서 조금 더 성장해야 할 분야를 인식한 후, 지금부터 소개할 행동들을 해보면서 원하는 변화를 만들어보도록 하자.

대화를 시작하자

내향적인 사람들에 대한 인식 및 포용에 대한 이슈를 논하는 대화를 시작해보자. 전체 구성원들 중 절반 정도가 내향성을 가지고 있으며, 그들의 선호도는 외향성 중심인 기존의 비즈니스 세계와 대치될 수 있다는 것을 사람들에게 일깨워주자. 다양한 직급 및 기능분야에 걸쳐서, 이와 같은 인식도를 높여줄수 있는 사람들을 골라보자. 당신의 조직에 제시해볼 수 있는 질문들은 다음과 같다.

> "우리는 구성원들이 가치있는 기여를 하기 위해 필요한 시간과 공간을 제공하지도 않고 성급하게 가치비하를 하고 있는 면이 있을까?"
> "우리는 구성원들이 중요한 질문을 받기 전에, 먼저 심사숙고해보고 자신의 생각을 적어볼 수 있는 시간을 주고 있는가?"
> "우리는 모든 사람들이 회의에 적극적으로 참여할 수 있는 기회를 보장해주고 있는가?"

업무과정 동안 내향적인 사람들에 대한 인식을 증가시키게 되면, 필요한 순간마다 변화를 만들어낼 수 있게 될 것이다.

이런 사례도 있다. 집단활동에 참여한 한 구성원이 손을 들고 부탁을 한 적이 있다. 함께 참여한 내향적인 사람들에게 질문을 할 때에는, 대답을 하기 위해 잠시 생각할 수 있는 시간을 제공해주었으면 좋겠다고 말이다. 강사는 잠깐 생각을 해보고 나서, 개인적인 성찰을 해볼 수 있는 휴식 시간을 만들어주었다. 그리고 강의가 재개되었을 때, 전형적인 기존의 외향적인 방식으로 프로세스를 진행했을 때보다, 교육생들은 훨씬 더 충실한 반응을 보여주었다. 모든 참가자들은 훨씬 더 신속하게 대답을 했고, 즉흥적으로 좋은 아이디어도 많이 내놓았다.

내향적인 사람들의 니즈에 대해 의도적으로 이야기하는 기회를 만들자

서론에서 이야기했던 일곱가지의 핵심적인 기능을 세심하게 검토해보고, 자신이 내향적인 사람들에 대한 이슈를 필요할 때 적절하게 다루고 있는지에 대해 생각해보자. 미팅에서 새로운 그라운드룰을 정할 때, 인터뷰 스케줄에서 휴식시간을 정할 때, 미팅을 잡지 않고 업무에 집중할 수 있는 시간을 만들 때 쓸 수 있는 가이드라인을 만드는 것도 바람직할 것이다.

연구과정에 내향적인 구성원들을 포함시키자

보다 포용적인 일터분위기를 구축하는 방법을 찾기 위한 연구과정에 내향적인 사람들을 참여시키자. 서면 커뮤니케이션을 선호하는 내향적인 구성원들을 존중하고, 최적의 성과를 만들어내기 위해 필요한 일터 변화를 적을 수 있는 서베이를 활용하는 것도 좋겠다. 소규모의 포커스 그룹을 만들어서, 그들의 제안에 대해 더 심층적인 토론을 하고, 더 깊은 이해를 할 수 있는 환경을 조성하는 것도 바람직하다.

팀구성원들이 내향성에 대해 이야기할 수 있는 분위기를 만들자

성격 검사나 체크리스트를 활용해서, 팀동료들의 성격 유형을 서로 파악할 수 있도록 돕고, 각자의 업무 선호도에 대해 토론할 수 있는 기회를 제공하자. 팀 구성원들이 다음과 같은 질문을 항상 기억할 수 있도록 도와주자.

"함께 일하는 내향적인 구성원들이 업무 과정에서 자신의 의견을 표현하고 있는가? 그리고 팀 동료들에게 자신의 니즈에 대해 알려주고 있는가?"
"외향적인 구성원들은 내향적인 동료들과 함께 어울리기 위해 자신의 행동을 조율하고 있는가?"

시니어 리더들을 참여시키자

내향적인 구성원들을 포용하는 것이 조직의 중요한 정책이라는 것을 명확하게 전달할 수 있도록, 시니어 리더들을 대화에 참여시키는 것이 바람직하다. 기존 프로그램에 그저 곁다리로 추가해서 잠깐 다루는 정도로는 곤란하다. 내향적인 시니어 리더들에게 자신의 경험을 들려달라고 부탁하고, 일터에서 내향적인 사람으로 존재하면서 배웠던 교훈에 대해 공유해주기를 요청하자. 모델링은 구성원들에게 큰 영향을 줄 수 있으며, 변화를 만들어내는 힘이 큰 조력제가 된다. 동료들 중에 내향적인 사람이 누구인지를 파악할 수 있고, 자랑스럽게 "나는 내향성을 가지고 있습니다"라고 이야기할 수 있는 분위기를 만들 수 있게 되기 때문이다.

결론

내향적인 구성원들을 포용하기 위한 변화 에이전트가 된다는 것은 모두가 승리자가 될 수 있는 상황을 만드는 일이다. 내향적인 사람들은 최고의 성과를 만들어낼 수 있는 곳에 소속되어 있다는 느낌이라는 혜택을 얻게 되고, 조직은 모든 구성원들의 잠재력을 활용할 수 있는 환경을 만듦으로써(구성원들 중 일부만 쓰면서 삐걱거리는 바퀴로 비틀비틀 굴러가는 게 아니라) 혜택을 얻게 된다. 가장 중요한 사실은, 우리가 내향성-친화적 일터를 만들기 위해 노력할 때, 장기적인 성공을 거두기 위해 조직을 재정비하게 된다는 것이다. 이것이 우리 모두가 가질 수 있는 비전이 아니겠는가.

내향성-친화적 조직 성향에 대한 서베이

이 서베이에는 240명이 참여하였고, 2019년 일터 서베이라는 이름 으로 이 책에서 인용되었다.

이 서베이의 목적은 내향적인 구성원들의 니즈를 충족할 수 있는 일터를 만들기 위해 선생님의 조직에서는 어떤 일을 하고 있는지를 이 해하기 위한 것입니다. 5분 정도면 응답을 모두 할 수 있는 간단한 질 문들입니다.

선생님께서 해주신 응답은 이 연구의 자료로 활용될 예정입니다. 이후의 인터뷰에도 참여하고 싶으신 분은 서베이 마지막 부분에서, 이 메일 주소를 적어주시면 감사하겠습니다.

감사합니다!

1. 우리 회사의 문화는 내향적인 사람들과 외향적인 사람들 모두를 지지해준다

전혀 그렇지 않음　　그렇지 않음　　보통임　　잘되고 있는 편임　　매우 잘되고 있음

2. 우리 팀은 DISC나 MBTI와 같은 성격 검사를 통해 보다 효율적으로 협업할 수 있는 기회를 활용하고 있다

전혀 그렇지 않음　　그렇지 않음　　보통임　　잘되고 있는 편임　　매우 잘되고 있음

3. 우리 회사는 내향적인 사람들을 고용하고 승진시키려는 의지를 보여주고 있다

전혀 그렇지 않음　　그렇지 않음　　보통임　　잘되고 있는 편임　　매우 잘되고 있음

4. 우리 회사의 몇몇 리더들은 본인이 내향성이라는 것을 공개적으로 말하곤 한다

전혀 그렇지 않음　　그렇지 않음　　보통임　　잘되고 있는 편임　　매우 잘되고 있음

5. 우리 회사에서는 구성원이 혼자 일하는 시간을 갖는 것을 허용하는 편이다

전혀 그렇지 않음　　그렇지 않음　　보통임　　잘되고 있는 편임　　매우 잘되고 있음

6. 우리 회사 사람들은 내향적인 사람들이 미팅에 적극적으로 참여할 수 있도록 노력한다

전혀 그렇지 않음   그렇지 않음   보통임   잘되고 있는 편임   매우 잘되고 있음

7. 우리 회사의 교육 프로그램에서는 토론과 성찰을 할 수 있는 시간을 제공한다

전혀 그렇지 않음   그렇지 않음   보통임   잘되고 있는 편임   매우 잘되고 있음

8. 우리 회사에서는 리모트 워크를 할 수 있는 환경을 조성해주고 있다

전혀 그렇지 않음   그렇지 않음   보통임   잘되고 있는 편임   매우 잘되고 있음

9. 우리 사무실 환경은 내향적인 사람들이 생산적으로 일할 수 있는 옵션을 제공해준다

전혀 그렇지 않음   그렇지 않음   보통임   잘되고 있는 편임   매우 잘되고 있음

10. 다음은 내향성-친화적인 업무 환경을 조성할 수 있는 방법들이다. 각 방법이 당신의 일터에서 어느 정도 잘 활용되고 있는지 효율성을 평가해보자

- 조용하게 혼자 일할 수 있는 환경이 보장되는 업무공간

매우 효율적으로 잘 활용되고 있음	꽤 효율적으로 활용되는 편임	효율적으로 활용됨	어느 정도 효율적으로 활용되는 편임	효율적이지 않음	우리 회사에서는 사용하지 않는 방법임

- 온라인 일터(예: 슬랙)

매우 효율적으로 잘 활용되고 있음	꽤 효율적으로 활용되는 편임	효율적으로 활용됨	어느 정도 효율적으로 활용되는 편임	효율적이지 않음	우리 회사에서는 사용하지 않는 방법임

- 리모트 워크를 할 수 있는 옵션

매우 효율적으로 잘 활용되고 있음	꽤 효율적으로 활용되는 편임	효율적으로 활용됨	어느 정도 효율적으로 활용되는 편임	효율적이지 않음	우리 회사에서는 사용하지 않는 방법임

- 헤드폰 사용이 허용됨

매우 효율적으로 잘 활용되고 있음	꽤 효율적으로 활용되는 편임	효율적으로 활용됨	어느 정도 효율적으로 활용되는 편임	효율적이지 않음	우리 회사에서는 사용하지 않는 방법임

- 요청을 하면 조용한 시간을 보장받을 수 있음

매우 효율적으로 잘 활용되고 있음	꽤 효율적으로 활용되는 편임	효율적으로 활용됨	어느 정도 효율적으로 활용되는 편임	효율적이지 않음	우리 회사에서는 사용하지 않는 방법임

- "방해하지 말아주십시오"라는 푯말을 사용할 수 있음

매우 효율적으로 잘 활용되고 있음	꽤 효율적으로 활용되는 편임	효율적으로 활용됨	어느 정도 효율적으로 활용되는 편임	효율적이지 않음	우리 회사에서는 사용하지 않는 방법임

내향적 구성원에게 친화적인
일터 만들기

• 비디오 컨퍼런스를 할 수 있음

매우 효율적으로 잘 활용되고 있음	꽤 효율적으로 활용되는 편임	효율적으로 활용됨	어느 정도 효율적으로 활용되는 편임	효율적이지 않음	우리 회사에서는 사용하지 않는 방법임

• 소그룹 미팅

매우 효율적으로 잘 활용되고 있음	꽤 효율적으로 활용되는 편임	효율적으로 활용됨	어느 정도 효율적으로 활용되는 편임	효율적이지 않음	우리 회사에서는 사용하지 않는 방법임

• 필요할 때 미팅 스케줄을 잡을 수 있음

매우 효율적으로 잘 활용되고 있음	꽤 효율적으로 활용되는 편임	효율적으로 활용됨	어느 정도 효율적으로 활용되는 편임	효율적이지 않음	우리 회사에서는 사용하지 않는 방법임

• 미팅 이전에 아젠다를 공지해줌

매우 효율적으로 잘 활용되고 있음	꽤 효율적으로 활용되는 편임	효율적으로 활용됨	어느 정도 효율적으로 활용되는 편임	효율적이지 않음	우리 회사에서는 사용하지 않는 방법임

• 온라인 학습이 가능함

매우 효율적으로 잘 활용되고 있음	꽤 효율적으로 활용되는 편임	효율적으로 활용됨	어느 정도 효율적으로 활용되는 편임	효율적이지 않음	우리 회사에서는 사용하지 않는 방법임

• 채용과 승진을 할 때 내향적인 인재를 잘 찾아냄

매우 효율적으로 잘 활용되고 있음	꽤 효율적으로 활용되는 편임	효율적으로 활용됨	어느 정도 효율적으로 활용되는 편임	효율적이지 않음	우리 회사에서는 사용하지 않는 방법임

- 새로운 조직의 정책변화가 계획되었을 때, 내향적인 사람들을 대상 으로 컨설팅을 제공해줌

매우 효율적으로 잘 활용되고 있음	꽤 효율적으로 활용되는 편임	효율적으로 활용됨	어느 정도 효율적으로 활용되는 편임	효율적이지 않음	우리 회사에서는 사용하지 않는 방법임

- 내 상사는 내향적인 사람들과 외향적인 사람들의 니즈를 모두 충족 시킬 수 있는 방법을 유연하게 사용함

매우 효율적으로 잘 활용되고 있음	꽤 효율적으로 활용되는 편임	효율적으로 활용됨	어느 정도 효율적으로 활용되는 편임	효율적이지 않음	우리 회사에서는 사용하지 않는 방법임

- 브레인라이팅(brainwriting) 테크닉

매우 효율적으로 잘 활용되고 있음	꽤 효율적으로 활용되는 편임	효율적으로 활용됨	어느 정도 효율적으로 활용되는 편임	효율적이지 않음	우리 회사에서는 사용하지 않는 방법임

11. 당신의 팀, 조직, 상사가 활용하기를 바라는 내향성-친화적 프로 그램은 어떤 것이 있습니까? 그 어떤 제한 조건도 없다고 전제할 때, 당신이 고려해보았던 아이디어나, 지금 떠오른 생각을 공유 해주십시오.

12. 일터에서 내향적인 구성원들을 위해 최적으로 활용할 수 있는 프로그램에 대해 제안할 수 있는 다른 아이디어가 있습니까?

내향적 구성원에게 친화적인
일터 만들기

13. 당신의 성향은 어느 쪽입니까?

내향성　　　외향성　　　양향성　　　잘 모르겠음　　　밝히고 싶지 않음

14. 당신이 근무하는 조직의 규모는 어느 정도입니까?(구성원의 수)

1~99명　　　　100~499명　　　　500~1,999명　　　　2,000명 이상

15. 일하고 있는 산업분야는 어디입니까?

테크놀로지　　　　생산　　　　헬스케어　　　　전문서비스

공공기관　　　재무/보험　　　교육

기타:

_____

16. 업무기능

IT　　　엔지니어링　　　과학　　　재무/회계　　　영업

마케팅　　　의료　　　HR　　　프로젝트 관리　　　컨설팅

기타:

_____

17. 역할

시니어 관리자   중간 관리자   사원

컨설턴트/프리랜서   프로젝트 관리자

기타:

_____

18. 이름(원하는 경우에만)

19. 이메일: 추후 인터뷰에 참가한 후, 결과보고서를 받고 싶다면 이 메일주소를 적어주십시오.

독서토론 진행을 위한 가이드

내향성-친화적 일터 만들기

이 책은 보다 내향성-친화적인 일터를 만들고, 내향적인 사람들에 대한 편견을 감소시키기 위해 변화를 만들어내는 촉진제로 활용할 수 있다.

이 토론 가이드에 있는 질문들은 생산적인 대화와 문제해결을 위해 사용될 수 있을 것이다.

추천하는 방법들

- 내향성과 관련된 주제들에 초점을 맞춘 독서클럽을 시작해보자 (회사의 독서클럽이 성공을 거두기 위한 프로그램 구성은 다음에 소개하는 '저자와 함께 작업하기' 내용을 참고할 것)
- 전체 조직 구성원들이 참여하는 타운홀미팅(town hall meeting)에

서 내향성에 대한 주제를 다루어보고, 소규모 그룹으로 나누어서 좀더 심층적으로 이야기를 진행해보자.

- 다양성, 공정성, 포용성에 관심을 가지고 있는 조직 내부 커뮤니티에서 내향성-친화적 일터 이슈에 대해 이야기할 수 있도록 지원하자.
- 연례 컨퍼런스에서 토론을 할 수 있는 포럼을 구성하고, 그 토론이 1년 내내 지속될 수 있도록 관리하자.
- 리더십 교육과 관리자 역량개발 프로그램에서 내향적 리더십에 대한 주제에 대해 토론할 수 있도록 내용을 구성해보자.
- 경영대학원, 공공기관, 기타 리더십 프로그램의 커리큘럼에서 활용할 수 있는 질문 문항들을 만들어보자.

내향성-친화적 접근법

토론을 통해 가장 생산적인 결과를 얻을 수 있도록 내향성-친화적 접근법을 적용해보자(예: 프로그램을 진행하기 며칠 전에 더 많은 성찰을 할 수 있도록 참여자들에게 생각해볼 질문들을 보내기).

토론에서 브레인라이팅(brainwriting)을 활용해서(7장 참고), 참여자들이 발표를 하기 전에 심사숙고해볼 수 있도록 중간중간에 시간을 제공해주자. 그리고 휴식 시간에 디지털 기기를 활용해서, 다루어지는 내용에 대해 질문해보고 싶은 것을 만들어보도록 하고, 참여자들이 토론에 적극적으로 참여할 수 있게 도와주자.

질문 예시

1. 자기소개의 내용에 기반해서 생각해보면, 자신은 내향성-외향성 스펙트럼 중 어디에 위치하고 있다고 생각하십니까?

2. 당신의 조직에는 내향적인 사람들의 인원이 어느 정도 된다고 생각하십니까? 당신의 부서에는?

3. 스스로를 내향적인 사람이나 외향적인 사람으로 생각하게 해 주는, 가장 눈에 띄는 특성은 어떤 것입니까? 그 이유는?

4. 내향적인 구성원들이 당신의 조직에 가져다주는 좋은 점은 무엇입니까? 그들의 강점은 어떻게 드러나고 있다고 생각하십니까?

5. 내향적인 구성원들이 일을 할 때 마주치게 되는 가장 큰 도전과제는 어떤 것이 있습니까?

6. 1장에서 소개했던 내향성-친화적 일터 퀴즈에서 당신이 답했던 결과를 기반으로 생각해볼 때, 당신의 일터의 내향성-친화도는 어느 정도입니까? 다른 동료들과 이야기해보면서 응답 내용을 비교해봅시다. 어떤 공통점과 어떤 차이점이 관찰됩니까? 그 내용에 대해 토론해보도록 합시다.

7. 당신의 조직에서 활용하는 일터 프로그램 중 효과적인 것은 어떤 것입니까? 좀더 개선하려면 어떻게 해야 할까요?

8. 이 책에서 논했던 변화를 만들어내기 위해서 책임을 져야 할 사람은 다음 중 누구라고 생각하십니까? HR / 다양성·공정성·포용성 전문가 / 관리자 / 개인구성원. 당신의 생각을 이야기해주십시오.

9. 채용과 고용을 결정하는 데 있어서 내향성에 대한 부정적 편견을 감소시기기 위해 제안하고 싶은 아이디어가 있으십니까?

10. 당신의 조직에서 근무하는 리더들 중에서 자신이 내향성을 가지고 있다는 것을 공개적으로 이야기한 사람이 있었습니까? 만약 있었다면, 그러한 발언이 어떤 영향을 미쳤나요?

11. 외향적인 기질을 가지고 있는 리더들에게 전달해주고 싶은 메시지는 어떤 것이 있습니까? 외향적인 리더들이 내향적인 팀원들의 힘을 잘 활용하려면 어떻게 하면 좋을까요?

12. 당신의 일터에서 진행되는 내향성-친화적 커뮤니케이션 프로그램은 어떤 특성과 구성을 가지고 있습니까?

13. 협력과 사회화가 잘 이루어지게 하려면, 그리고 내향적인 구성원들이 자신의 자원을 최적으로 활용할 수 있는 집중작업을 지원하게 하려면, 당신의 일터를 어떻게 디자인하는 것이 좋을까요?

14. 당신의 일터에서는 리모트 워크를 어떻게 생각하고 있습니까? 내향성-친화적 프로그램을 활용한 사례를 한가지 소개해주십시오. 리모트 워크를 할 때에는, 고독과 무존재감을 어떻게 피할 수 있을까요?

15. 목소리 큰 사람이 회의 분위기를 좌지우지하도록 하는 조직의 관행은 어떤 것이 있습니까? 내향적인 사람과 외향적인 사람이 보다 균형적으로 자신의 의견을 이야기할 수 있도록 팀을 구성하려면 어떻게 하면 좋을까요?

16. 현재의 학습과 역량개발 전략이 보다 내향성-친화적 특성을 가질 수 있도록 수정보완하기 위해서는 어떤 방법이 있을까요?

내향적 구성원에게 친화적인
일터 만들기

17. 이 책에서 언급되었던 포용성 정책이나 내향성-친화적 프로그램들 중에서, 활용되는 것을 보았던 것이 있다면 이야기해주십시오. 당신의 일터에 적용해보고 싶은 것이 있습니까?

18. 이 책에서 당신이 곧바로 시도해볼 수 있는 전략이나 프로그램은 어떤 것입니까? 구성원들로부터 예상되는 저항은 어떤 것이 있을까요? 당신의 노력을 도와줄 수 있는 지원군은 누구일까요?

내향성-친화적 프로그램 개발

마케팅 회사 84.51°의 사례

84.51°社는 개인적 경험과 데이터를 연결시켜주면서 사람들의 삶이 더 편해지도록 만드는 일을 하고 있다. 직접 개발한 도구와 첨단기술을 활용해서, 탁월한 데이터 예측분석과정을 진행하고, 고객들의 데이터를 행동으로 옮길 수 있는 지식으로 바꾸어나간다. 다양성, 공정성, 포용성의 수준을 높이기 위한 노력으로서, 컨설팅부서의 수장인 라이언 쇼월터(Ryan Showalter)는 회사에서 혁신적인 내향성-친화적 프로그램을 이끌고 있다.

ITOPIA

ITOPIA(다음 페이지에서 자세히 설명하겠음)는 84.51°의 다양성 및 포용성 전략 중 하나로서, 내향성 및 외향성 구성원들이 어울렸을 때 만들어지는 역동을 강조하는 방향으로 구성원들을 발전시키는 프로그램이다.

관리자는 다음 페이지에서 소개하는 피드백 가이드를 활용해서, 매일매일 모범사례에 대한 코칭과 리뷰 결과를 구성원에게 전달해줄 수 있다.

84.51°의 ITOPIA

1. ITOPIA란 무엇인가?

정의

내향적인 구성원들이 진정한 자신의 모습을 자유롭게 표현하고 일할 수 있는 권한을 부여받는 곳

미션

- 84.51°에서 내향적 구성원의 힘이 최대한 잘 발휘될 수 있도록 돕기
- 개방적이고 안전한 대화가 가능한 지지적인 커뮤니티를 구축하기

2. ITOPIA가 중요한 이유

(1) ITOPIA 구성원들의 의견

- "자신의 목소리를 크게 내지 못하는 구성원들이 표현을 할 수 있게 도와줍니다"
- "어려운 상황을 마주했을 때, 사람들은 나 혼자만이 특별히 힘든 상황에 빠져 있다고 생각하기 쉽습니다. 하지만, 자신의 경험에

내향적 구성원에게 친화적인
일터 만들기

대해 동료들과 함께 이야기를 나누고, 다른 사람들이 과거에 사용해봤던 전략에 대해 들어보게 되면, 나 혼자만 힘들어하고 있는 것이 아니고 다른 사람들도 나와 똑같은 고민을 하고 있다는 사실을 알게 되구요. 그 과정을 통해 리프레시를 할 수 있게 됩니다."

- "내향적인 사람들과 외향적인 사람들간의 차이에 대해 이야기를 해보면, 대부분의 사람들이 가지고 있는 편견과 전혀 다르다는 것을 알게 되고, 그러한 인식을 통해 우리의 행동, 사고, 업무방법에 큰 영향을 받을 수 있게 됩니다."

- "ITOPIA는 내향적인 구성원들이 일을 하는 방법, 흔히 듣게 되는 편견에 대해 직접적으로 이야기를 해볼수 있는 곳입니다. 그리고, 우리의 니즈를 표현하고 상대방이 이해해주도록 만드는 방법을 알려줍니다."

- "ITOPIA는 다소 불편한(하지만 꼭 다뤄봐야 하는) 주제에 대해 논의할 수 있는 편안하고 안전한 환경을 제공해줍니다."

- "핵심인재들이 잠재력을 최대한 발휘하고, 보다 효과적으로 일할 수 있도록 조력하기 위해 필요한 대화를 할 수 있는 곳입니다."

- "내향성을 가졌거나 외향성을 가졌거나, 자기자신에 대해 새로운 것을 파악할 수 있게 되고, 어떻게 하면 동료들과 더 좋은 상호작용을 할 수 있을지에 대해 배울 수 있는 곳입니다."

(2) **외향적인 사람들이 ITOPIA에 대해 가지고 있는 의견**

- "ITOPIA는 개인 구성원들에게도 도움이 되지만, 관리자들에게도 중요한 조력이 되는 곳입니다. 내향적인 구성원들은 에너지 충전

을 할 때, 사전준비를 할 때, 일을 할 때, 다소 독특한 방법을 쓰는 것 같습니다. 외향적인 관리자가 이 사실을 인식하지 못하고 자신의 스타일을 유연하게 조율하지 않으면, 성과의 질이 낮아질 수밖에 없을 겁니다."

• "다양한 사람들의 의견을 듣고, 다양한 시각, 다양한 업무방법에 대해 배우는 것은 정말 중요한 일입니다. 그러한 과정을 통해 나는 더 좋은 동료가 될 수 있다고 생각합니다. 그리고 앞으로 더 훌륭한 인간이 될 수 있기를 희망하죠."

3. ITOPIA의 운영 방법

• 5~7명의 내향적인 구성원들(자기주도적 성격의 집단임)과 한 명의 퍼실리테이터는 내향성과 외향성 주제에 대해 탐색한다.

• 구성원들은 더욱 심층적인 감정, 지각, 현실을 탐색할 수 있는 안전한 환경을 구축하기 위해 노력한다.

• 구성원들은 내향적인 구성원들의 시각과 의견을 조직이 이해할 수 있도록 조력한다.

• 이 집단은 정기적으로 모여서 그때그때 발생한 핵심적인 이슈들을 탐색하고, 커뮤니티가 효율적으로 생각할 수 있도록 촉진하며 사람들간의 관계를 연결해준다.

내향적 구성원에게 친화적인
일터 만들기

내향적 구성원들이 일터에서 잘 생활하도록 돕는 피드백 가이드

피드백을 제공할 때 어떤 단어를 선택할 것인지는 매우 중요한 문제입니다. 잘못된 언어표현을 쓰게 되면 내향적인 구성원들에 대한 부정적인 인상을 강화시켜서, 일터에서 그들이 자신의 자원을 제대로 보여주지 못하게 하고, 앞으로의 성장가능성까지 감소시키게 됩니다. 피드백의 언어표현을 통해 관리자의 의도를 정확하게 전달하게 되면, 내향적인 구성원들은 보다 성공적인 결과가 보장되는 현실적인 가이드를 받을 수 있게 됩니다.

2018년의 연구결과에 따르면, "응답자들 중 96%는 외향적인 특성이 내향적인 특성보다 조직에서 더 가치인정을 받고 있다고 생각하고 있었습니다. 그리고 82.2%는 일상생활을 제대로 해내기 위해서는 외향적인 특성을 보여줘야 할 필요가 있다고 대답했습니다."[1]

1. 피드백 A

"○○님은 84.51°의 동료들과 잘 어울리지 않네요. 네트워킹도 잘하지 않는 것으로 보이던데요."

영향 및 반응

내향적인 구성원들이 일터에서 사교활동을 잘 하지 않고 있을 때, 집단활동에 더 적극적으로 참여하라는 압력을 줄 수 있음.

내향적인 사람들의 느낌

"아, 이 회사에서는 사교활동을 잘하는 사람을 더 좋아하는구나."

대안행동

- 다른 사람들과 튼튼한 연결관계를 맺는 것이 84.51°에서 성공적인 커리어와 승진을 하는 데 있어서 중요하다는 것을 강조함. 하지만 여러 사람들이 모여있을 때나 업무시간 이외의 시간에 언급하는 것은 피하는 것이 좋음.
- 내향적인 사람들이 적극적으로 업무관련 소통에 참여할 수 있도록 조력하기(예: 협력을 해야 하는 업무 프로젝트, 동료들과 서로의 일에 적용가능한 아이디어 공유하기).

연구결과

"내향적인 사람들과 외향적인 사람들간의 가장 큰 차이는, 신경전달물질-도파민에 대한 반응의 방법이다. (도파민은 뇌에서 나오는 화학물질이다.) 외향적인 사람들은 사회적인 이벤트를 앞두고 기분이 좋아지며 에너지가 충전되지만, 내향적인 사람들은 긴장하게 되는 경우가 많다."[2]

2. 피드백 B

"OO님은 다른 사람들과 이야기를 잘 하지 않네요."
"OO님과는 많이 대화를 해본 적이 없네요."
"요새 OO님을 마주친 적이 별로 없는 것 같아요."

영향 및 반응

내향적인 사람들이 혼자 일하거나 집중할 수 있는 시간을 감소시키게 됨.

내향적인 사람들의 느낌

"내가 일에서 성과를 좀 덜 내더라도, 앞에 나서서 일하는 것이 더 중요한 모양이네."

대안행동

- 내향적인 사람들이 선호하는 업무스타일을 이해하기 위해 노력하고, 최적의 성과창출이 가능한 방법으로 유연하게 일할 수 있게 해주기.

- 책상에 앉아 있지 않다고 해서, 가치있는 일을 하지 않는 것이 아니라는 것을 인식하고, 내향적인 사람들이 가끔씩 휴식을 취하면서 "배터리 재충전"을 하는 것을 이해해주기.

- 내향적인 구성원들이 자리에 없을 때, 어떻게 연락하면 좋을지에 대해 의논하기. 그래서 동료들이 손쉽게 내향적 구성원들과 소통할 수 있도록 조력하기.

연구결과

"모든 내향적인 사람들이 동일한 특성을 가진 것은 아니라는 사실을 기억할 필요가 있다. 어떤 사람들은 집중하고 재충전을 하기 위해서는 물리적으로 혼자 있기를 바라기 때문에, 독립부스나 파티션을 설치해주면 편안함 수준을 높일 수 있다. 경험자료와 연구결과에 따르면, 내향적인 사람들과 외향적인 사람들 모두 집중을 하기 위해서는 소음을 차단하기를 바라는 것 같지만, 어떤 사람들은 그것을 원하지 않기도 한다."[3]

3. 피드백 C

"OO님은 자기 의견을 잘 내지 않는 것 같아요."

"미팅을 할 때 보면, OO님은 그다지 적극적으로 참여하지 않는 느낌이 들어요."

"OO님이 어떤 시각을 가지고 있는지 잘 몰라서 한번 듣고 싶습니다."

영향 및 반응

입밖으로 말을 내어 표현을 잘 하지 않고, 적극적인 행동참여를 하지 않는 경우, 내향적인 사람들이 그 상황이 자신에게 어떤 영향을 미칠 수 있을지에 대해 잘 이해하지 못하게 함.

내향적인 사람들의 느낌

"내가 나서서 표현하는 일이 많아야, 나의 가치를 증명할 수 있겠구나."

대안행동

- 내향적인 사람들은 최적의 반응을 만들어내기 위해 정보를 처리하는 데에 조금 더 시간이 오래 걸릴 수 있음을 이해하기.
- 내향적인 사람들이 정보를 처리할 수 있는 시간을 충분히 가진 후 동료들과 이야기를 하게 되면, 그들의 가치와 기여에 대한 인정을 받을 수 있음을 설명해주고 지원하기.
- 사전에 읽을 자료, 아젠다, 미팅목표를 보내주기(예: "XYZ에 대한 OO님의 시각을 듣고 싶습니다. 이번 미팅의 초반 10분 동안 OO님이 그에 대해 이야기를 해주시면 어떨까요?"). 다른 팀동료들에게도 동일한 요청을 하도록 하자.

연구결과

"내향적인 사람들은 내적으로 생각을 정리하고, 명확한 아이디어를 만들어낸 다음에야 사람들과 공유하는 경향성이 있다."[4]

4. 피드백 D

"이 회사에서 리더 역할을 해보고 싶다면, 조금 더 적극적으로 나서서 의사표현을 할 필요가 있습니다."

영향 및 반응

눈에 잘 띄지 않는 조용한 노력과, 미팅 중 소극적인 참여도 때문에 내향적인 사람들의 잠재력은 간과되기 쉽다.

내향적인 사람들의 느낌

"내 진정한 모습을 바꾸지 않으면 84.51°에서 리더로서 성공할 수 없겠구나"

대안행동

- 리더십스킬이란 매우 다양한 형태로 나타날 수 있다는 것을 인식하기. 내향적인 사람들은 목소리를 크게 내지는 않지만, 리더십 잠재력을 가지고 있을 수 있다는 것을 기억하기.
- 내향적인 구성원들이 360도 피드백을 받을 수 있는 기회를 넓혀서, 자신이 사람들에게 어떤 영향을 미치고 있는지에 대해 다양한 정보들을 얻을 수 있도록 도와주기.
- 목소리가 크다고 해서 리더십이 있다는 편견을 변화시키기.

연구결과

"내향적인 사람들과 외향적인 사람들은 학문분야나 비즈니스분야에서 리더로서의 효율성을 동일하게 발휘할 수 있다. 내향성은 환경이 경쟁적이거나 지지적이거나 간에, 리더십 수행에 있어서 방해물로 기능하지 않는다."

5. 피드백 E

"OO님은 일을 정말 잘하십니다. 하지만, 자기어필은 그만큼 잘 안 하는 것 같아요."

영향 및 반응

혼자 일해서 만들어내는 결과의 품질을 오히려 낮출 수 있고, 조직의 내향적인 사람들에 대해 동료들이 오해하게 만들 수 있다.

내향적인 사람들의 느낌

"내가 나서서 어필하지 않으면, 내 업무성과의 품질평가는 낮아질 수 있구나."

대안행동

- 84.51°에서는 동료들과의 협업에 대해 강조하고는 있지만, 구성원 혼자 일해서 만들어내는 성과에 대해 가치비하를 하지 않는다. 그보다 오히려 개인적인 기여가 가지는 가치에 대해 강조하려고 노력한다. 내향적인 사람들에게 높은 가치가 있는 업무성과와 아이디어에 대해 동료들과 공유하는 것이 중요한 이유에 대해

설명해주는 것이 필요하다(그래서, 내향적인 구성원이 담당한 업무성
과가 보다 많은 동료들에 의해 활용되고, 상업화를 위한 단계도 밟을 수
있도록 조력하기).

- 내향적인 사람들이 동료들과 관계를 맺고, 업무대화에 적극적으
로 참여할 수 있도록 지원해서, 동료들의 업무에 대해서도 아이
디어를 제공할 수 있는 환경을 조성하기.

연구결과

"나의 커리어를 발전시키기 위해서는, 다소 뻔뻔하게 스스로를 PR
해야 한다". 하지만 내향적인 사람들은 자기어필을 좋아하지 않는다.[6]

6. 피드백 F

"○○님만의 세계에 갇혀 있지 말고, 껍질을 깨고 나올 필요가 있어요."

영향 및 반응

기질적인 성격특성을 무시하고, 내향적인 사람들이 자신의 의견을
공유하거나 마음을 여는 것을 오히려 더 막게 됨.

내향적인 사람들의 느낌

"이 조직에서 성공하려면 내 성격을 바꿔야 되겠네."

대안행동

- 이와 같은 표현을 하는 이유가 내향적인 사람들이 자신의 잠재력
을 더 발휘해서 현재보다 더 큰 역할을 맡게 되기를 바라는 것이
라면, 특정한 기회를 제공해주고, 아주 작은 시도도 알아채고 인

정해주기. 내향적인 사람들이 의도적으로 노력한 바에 대해 보상해주기.

- 이와 같은 표현의 의도가 내향적인 사람들의 커뮤니케이션 스타일을 변화시키기를 원하는 것이라면, 그러한 바람이 업무목표를 달성하는 데에 꼭 필요한 것인지에 대해 다시 한번 생각해볼 필요가 있음.

연구결과

내향적인 사람들이 외향적 행동을 계속 해야 한다면, 부정적인 감정이 늘어나고 번아웃을 경험하게 될 수 있으며, 진정한 자신으로 살고 있지 않다는 느낌을 가질 수 있음.

[참고자료]

1. Kaufman, Scott Barry. "Can introverts be happy in a world that can't stop talking?" Scientific American Blog Network, 5 Oct. 2018, blogs.scientificamerican.com/beautiful-minds/can-introverts-be-happy-in-a-world-that-cant-stop-talking/.

2. Beris, Rebecca, "Why introverts are introverts? Because their brains are different." Lifehack, Lifehack, 18 June 2016, www.lifehack.org/412467/why-introverts-are-introverts-because-their-brains-are-different.

3. Pesci, Melissa. "Introverts deserve better office design" October 2018, Interiors+Sources

4. Kahnweiler, J. (2009). The introverted leader: Building on your quiet strength. San Francisco: Berrett-Koeheler

5. Atamanik, Candace, "The introverted leader: Examining the role of personality and environment" (2013) Center for Leadership Current Research,2.

6. Cain, Sasan. Quiet: [The Power of introverts in a world that can't stop talking]. New York: Random House, Inc.: Books on Tape, 2012. Audio Recording.

7. Jacques-Hamilton, Rowan Sun, Jessie Smillie, Luke D. (2018) Costs and benefits of acting extraverted: A randomized controlled trial.

내향적 구성원에게 친화적인
일터 만들기

미주

서론

1. Ella Washington and Camille Patrick, "3 Requirements for a Diverse and Inclusive Culture," *Gallup Workplace*, September 17, 2018, https://www.gallup.com/workplace/242138/requirements-diverse-inclusive-culture.aspx.

2. Reid Hoffman, Podcast: "Episode 36: Check Your Blindspot," *Masters of Scale*, https://mastersofscale.com/sallie-krawcheck-check-your-blindspot/.

3. "Neurodiversity in the Workplace," ACAS (Advisory, Conciliation and Arbitration Service), https://m.acas.org.uk/index.aspx?articleid=6676.

4. "Estimated Frequencies of the Types in the United States Population," CAPT (Center for Applications of Psychological Type), https://www.capt.org/mbti-assessment/estimated-frequencies.htm.

5. "Shyness," American Psychological Association, http://www.apa.org/topics/shyness/.

2장

6. I. B. Myers, M. H. McCaulley, N. L. Quenk, and A. L. Hammer, *MBTI*

Manual: A Guide to the Development and Use of the Myers-Briggs Type Indicator, 3rd ed. (Palo Alto, CA: Consulting Psychologists Press, 1998).

7. Shikha Kapoor, "Job Mapping for Leadership Roles at Rockwell Automation India," *Asia Pacific Journal of Marketing & Management Research*, ISSN online: 2319-3836, vol. 6, 1-5, 2017.

8. Patty McCord, *Powerful* (Silicon Guild, 2017), 90.

9. Ryan Jenkins, interview by author, Atlanta, GA, January 21, 2019.

10. Jennifer Kahnweiler, PhD, *The Introverted Leader: Building on Your Quiet Strength*, 2nd ed. (Oakland, CA: Berrett-Koehler, 2018), 35-36.

11. "Artificial Intelligence (AI) for Human Resources | Recruitment and Selection | Strategic Resourcing," *Future of Work*, September 9, 2018, https://www. youtube.com/watch?v=19hGiTdA9Vc&t=169s.

12. Rudina Seseri, "How AI Is Changing the Game for Recruiting," *Forbes*, January 29, 2018, https://www.forbes.com/sites/ valleyvoices/2018/01/29/how-ai-is-changing-the-game-for-recruiting /#3133d9341aa2.

13. Richard Feloni, "Using Brain Games and Artificial Intelligence—And It's a Huge Success," *Business Insider*, June 28, 2017, https://www.businessinsider.com/ unilever-artificial-intelligence-hiring-process -2017-6.

14. Maddy Savage, "Can Artificial Intelligence Make the Hiring Process More Fair?" NPR, April 8, 2019, https://www.npr .org/2019/04 /08/711169794/ can-artificial-intelligence-make-the-hiring-process-more -fair.

15. Melinda Gates, *The Moment of Lift* (Flatiron Books, 2019), 227, 229.

3장

16. Watermark Conference, Panel on Introverted Leaders, San Jose, CA, February 22, 2019.

17. Jennifer Kahnweiler, PhD, *The Genius of Opposites: How Introverts and*

내향적 구성원에게 친화적인
일터 만들기

Extroverts Achieve Extraordinary Results Together(Oakland, CA: Berrett-Koehler, 2016).

18. Jennifer Aaker, Video: "Harnessing the Power of Stories," Stanford University: VMware Women's Leadership Innovation Lab, https://womensleadership.stanford.edu/stories.

19. Lynn Offermann and Lisa Rosh, "Building Trust Through Skillful Self-Disclosure," *Harvard Business Review*, June 13, 2012, https://hbr.org/2012/06/instantaneous-intimacy-skillfu.

20. Neil Irwin, "The Mystery of the Miserable Employees: How to Win in the Winner-Take-All Economy," *The New York Times*, June 15, 2019, https://www.nytimes.com/2019/06/15/upshot/how-to-win-neil-irwin.html.

21. Nilofer Merchant, Video: "Got a Meeting? Take a Walk," TED, 2013, https://www.ted.com/talks/nilofer merchant got a_meeting take_a_walk/transcript.

22. Dana Wilkie, "Finding the Leader in the Introvert," SHRM, October 29, 2015, https://www.shrm.org/resourcesandtools/hr-topics/behavioral-competencies/global-and-cultural-effectiveness/pages/introverts.aspx.

23. "Intersectionality," Wikipedia, https://en.wikipedia.org/wiki/Intersectionality.

24. "What Is Intersectionality, and What Does It Have to Do with Me?" *YW Boston Blog*, March 29, 2017, https://www.ywboston.org/2017/03/what-is-intersectionality-and-what-does-it-have-to-do -with-me/.

25. Brene Brown, *Dare to Lead* (Random House, 2018), 11.

26. Jennifer Brown, *How to Be an Inclusive Leader* (Oakland, CA: Berrett-Koehler, 2019), 5.

27. Valerie Martinelli, "The Truth about Unconscious Bias in the Workplace," TalentCulture, March 31, 2017, https://talentculture .com/the-truth-about-unconscious-bias-in-the-workplace/.

28. Howard J. Ross, *Everyday Bias* (Rowman & Littlefield, 2014), xxii.

29. "9 Things You Probably Didn't Know about Introverts and Extroverts," *Huffington Post*, August 24, 2015, https://www.huffpost.com/entry/how-introverts-extroverts-communicate_n_7787304.

4장

30. Charles Duhigg, "What Google Learned from Its Quest to Build the Perfect Team," February 25, 2016, *The New York Times Magazine*, https://www.nytimes.com/2016/02/28/magazine/what-google-learned-from-its-quest-to-build-the-perfect-team.html?_r=0.

31. Jennifer Kahnweiler, PhD, *The Introverted Leader: Building on Your Quiet Strength*, 2nd ed. (Oakland, CA: Berrett-Koehler, 2018), 119-122.

32. Ashlea Halpern, "How This Introvert Founder Became a Billion-Dollar Leader," *Entrepreneur*, March 3, 2017, https://www.entrepreneur.com/article/289142.

33. Vince Forrington, "7 Ways an Intranet Can Transform Your Workplace," *Jostle*, https://blog.jostle.me/blog/7-ways-an-intranet -can-transform-your -workplace.

34. Ryan Jenkins, "The Complete Story of the Millennial Generation," *Ryan Jenkins' Blog*, https://blog.ryan-jenkins.com/the-complete-story-of-the-millennial-generation.

35. Jennifer Granneman, "Why Introverts and Extroverts Are Different: The Science," *Quiet Revolution Blog*, https://www.quietrev.com/why-introverts-and-extroverts-are-different-the-science/.

36. Daniel H. Pink, *When: The Scientific Secrets of Perfect Timing* (Riverhead Books, 2018), 57-71.

37. Sylvia Boorstein, Lecture, Rancho La Puerta, March 2018.

38. Adam Grant, Podcast: "Season 1, Episode 8: When Work Takes Over Your Life," *WorkLife with Adam Grant*, April 18, 2018, https://podcasts.apple.

내향적 구성원에게 친화적인
일터 만들기

com/us/podcast/when-work-takes-over-your-life/id1346314086?i=
1000409142146.

39. Charles Duhigg, "What Google Learned from Its Quest to Build the Perfect
Team," February 25, 2016, *The New York Times Magazine*, https://
www.nytimes.com/2016/02/28/magazine/what-google-learned-from-
its-quest-to-build-the-perfect-team.html?_r=0; "Understand Team
Effectiveness," Re: Work with Google, https://rework.withgoogle.com/
print/guides/5721312655835136/.

40. Ryan Jenkins, Podcast: "Episode 60: The Future of Work and Digitalizing
the Workplace for Millennials with Erica Volini," *The Next Generation
Catalyst*, https://blog.ryan-jenkins.com/the-future-of-work-and-
digitalizing-the-workplace-for-millennials-with-erica-volini.

41. Nancy Ancowitz, "Beyond the Water Cooler: New Way for Introverts to
Connect," *Psychology Today*, March 7, 2014, https://www.psychologytoday.
com/us/blog/self-promotion-introverts/201403/beyond-the-water-cooler-
new-way-introverts-connect.

42. Aga Bajer, Podcast: "Episode 14: Shaping Culture with Ed Schein,"
CultureLab, May 7, 2018, https://www.agabajer.com/podcast-list/59-ed-
schein-on-culturelab.

43. Rebecca Knight, "How to Be Good at Managing Both Introverts and
Extroverts," *Harvard Business Review*, November 16, 2015, https://
hbr.org/2015/11/how-to-be-good-at-managing-both-introverts-and
-extroverts.

5장

44. Jeff Pochepan, "The Open Office Plan Is a Disaster," *Chicago Tribune*,
February 20, 2018, https://www.chicagotribune.com/business/success/
inc/tca-the-open-office-plan-is-backfiring-20180220-story.html.

45. "U.S. Workplace Survey 2016," Gensler, 2016, https://www.gensler.com/research-insight/workplace-surveys/us/2016.

46. Ethan S. Bernstein and Stephen Turban, "The Impact of the 'Open' Workspace on Human Collaboration," *Philosophical Transactions of the Royal Society B*, July 2, 2018, https://royalsociety publishing.org/doi/full/10.1098/rstb.2017.0239.

47. William Belk, "58% of High-Performance Employees Say They Need More Quiet Work Spaces," CNBC, March 15, 2017, https://www.cnbc.com/2017/03/15/58-of-high-performance-employees-say-they-need-more-quiet-work-spaces.html.

48. Jennifer Granneman, "Why Introverts and Extroverts Are Different: The Science," *Quiet Revolution Blog*, https://www.quietrev.com/why-introverts-and-extroverts-are-different-the-science/.

49. Jillian Kramer, "How to Find an Introvert-Friendly Work Culture," *Glassdoor*, April 8, 2019, https://www.glassdoor.com/blog/how-to-find-an-introvert-friendly-work-culture/.

50. T. D. Blumenthal, "Extraversion, Attention, and Startle Response Reactivity," *Personality and Individual Differences*, vol. 31, issue 4, September 5, 2001, 495-503, https://www.sciencedirect.com/science/article/pii/S0191886900001537.

51. AT&T Business, "Expanding Your Company's Footprint? Here's How to Keep Employees Connected for Maximum Productivity," *Quartz*, July 2, 2019, https://qz.com/work/1109796/the -modern -workplace-doesnt-work-for-introverts-and-thats-an-expensive-problem/.

52. Laura Zera, "Workplace Quiet Rooms Offer Introverts (and Others) a Place to Recharge," *The Seattle Times*, December 31, 2018, https://www.seattletimes.com/explore/careers/workplace-quiet-rooms-offer-introverts-and-others-a-place-to-recharge/.

53. Zoe North, "How to Make Your Office Space Inclusive for Introverts,"

OfficeSpace, July 31, 2018, https://www.office spacesoftware.com/blog/how-to-make-your-office-space -inclusive-for-introverts.

54. Laura Zera, "Workplace Quiet Rooms Offer Introverts (and Others) a Place to Recharge," *The Seattle Times*, December 31, 2018, https://www.seattletimes.com/explore/careers/workplace-quiet-rooms-offer-introverts-and-others-a-place-to-recharge/.

6장

55. Robert Kelly, Video: "Children Interrupt BBC News Interview," BBC News, https://www.youtube.com/watch?v= Mh4f9AYRCZY.

56. Lauren Young, "How to Create Connections at Work in the Age of Isolation," Reuters, April 12, 2019, https://www.reuters.com/article/us-world-work-remoteworkers-idUSKCN1RO13J.

57. Nicholas Bloom, Video: "Go Ahead, Tell Your Boss You Are Working from Home," TEDxStanford, May 22, 2017, https://www.youtube.com/watch?v=oiUyyZPIHyY; Scott Mautz, "A 2-Year Stanford Study Shows the Astonishing Productivity Boost of Working from Home," Inc., April 2, 2018, https://www.inc.com/scott-mautz/a-2 -year -stanford-study-shows-astonishing-productivity-boost-of-working -from -home.html.

58. Heidi Parsont, "The Leading Reasons to Let Your Employees Work from Home One Day Each Week," TorchLight Hire, June 28, 2017, https://torchlighthire.com/leading-reasons-let-employees-work-home-one-day-week/.

59. Monica Torres, "This Is the Best Day of the Week to Work Remotely," Ladders, May 7, 2018, https://www.theladders.com/career-advice/this-is-the-best-day-to-work-remotely.

60. Macy Bayern, "The 10 Rules Found in Every Good Remote Work Policy," TechRepublic, July 20, 2018, https://www.techrepublic.com/article/the-10-

rules-found-in-every-good-remote-work-policy/.

61. Jennifer Kahnweiler, PhD, *Quiet Influence: The Introvert's Guide to Making a Difference* (Oakland, CA: Berrett-Koehler, 2013), 46.

62. Steven McShane and Mary Ann Von Glinow, *Organizational Behavior*, 8th ed. (McGraw-Hill Education, 2018), 286.

63. Kevin Eikenberry and Wayne Turmel, *The Long-Distance Leader: Rules for Remarkable Remote Leadership* (Oakland, CA: Berrett-Koehler, 2018), 47.

64. Aga Bajer, Podcast: "Episode 14: Shaping Culture with Ed Schein," *CultureLab*, https://www.agabajer.com/podcast-list/59-ed-schein-on-culturelab.

65. Nick Walker, Podcast: "Episode 64: Virtual Teams: Are You in a Long-Distance Relationship?—with Wayne Turmel," *Velociteach: Manage This*, August 31, 2018, https://www.velociteach.com/2018/08/episode-64-virtual-teams-long-distance-relationship/.

66. Cecilia Amador, "Coworking Is the New Normal, and These Stats Prove It," *Allwork.Space*, May 10, 2019, https://allwork.space/2019/05/coworking-is-the-new-normal-and-these-stats -prove-itt/.

67. Jennifer Kahnweiler, PhD, *Quiet Influence: The Introvert's Guide to Making a Difference* (Oakland, CA: Berrett-Koehler, 2013), 41.

68. Scott Mautz, "A 2-Year Stanford Study Shows the Astonishing Productivity Boost of Working from Home," Inc., April 2, 2018, https://www.inc.com/scott-mautz/a-2-year-stanford-study-shows-astonishing-productivity-boost-of-working-from-home.html.

7장

69. Patrick Lencioni, *The Ideal Team Player: How to Recognize and Cultivate the Three Essential Virtues* (Hoboken, NJ: Jossey-Bass, 2016), 26.

70. Jennifer Kahnweiler, PhD, *The Genius of Opposites: How Introverts and*

Extroverts Achieve Extraordinary Results Together(Oakland, CA: Berrett-Koehler, 2016), 81.

71. Michael Holland, "The 7 Items to Include in Your Leadership Owner's Manual," Bishop House Consulting, January 2, 2019, https:// www. bishophouse.com/building-my-team/the-7-items-to-include -in -your -leadership-owners -manual/.

72. "System Map," Service Design Tools, https://servicedesigntools.org /tools / system -map.

73. Neil Irwin, "The Mystery of the Miserable Employees: How to Win in the Winner-Take-All Economy," *The New York Times*, June 15, 2019, https:// www.nytimes.com/2019/06/15/upshot/how-to-win-neil-irwin.html.

8장

74. Aga Bajer, Podcast: "Episode 26: Culture Lessons from the Silicon Valley with Patty McCord," *CultureLab*, October 22, 2018, https://www.agabajer. com/podcast-list/82-patty-mccord-on-culturelab.

75. Jennifer Kahnweiler, PhD, Keynotes and Workshops, https:// jenniferkahnweiler.com/speaking/leadership-keynote-speaker/, https:// jenniferkahnweiler.com/speaking/leadership-workshop/.

76. Peter Schroeder, "6 Training Best Practices According to Seasoned Trainers," eLearning Industry, December 4, 2017, https://elearning industry.com/training-best-practices-according-seasoned-trainers-6.

77. Jennifer Kahnweiler, PhD, *The Introverted Leader: Building on Your Quiet Strength*, 2nd ed. (Oakland, CA: Berrett-Koehler, 2018), 59-75.

78. Crystal Kadakia and Lisa Owens, "Are You a Modern Learner?" ATD, June 3, 2016, https://www.td.org/insights/are-you-a-modern -learner.

79. John Alderman, interview by author, Atlanta, GA, April 25, 2019.

색인

내향적 구성원에게 친화적인
일터 만들기

내향적 구성원에게 친화적인
일터 만들기

내향적 구성원에게 친화적인
일터 만들기

내향적 구성원에게 친화적인
일터 만들기

감사의 글

우선, 나의 소중한 가족에게 감사를 표하고 싶습니다. 루실 보레츠(Lucille Boretz), 빌 칸바일러(Bill Kahnweiler), 린지 골드버그(Lindsey Goldberg), 제시 칸바일러(Jessie Kahnweiler), 애덤 골드버그(Adam Goldberg), 에이바 골드버그(Ava Goldberg), 밀리 골드버그(Millie Goldberg). 우리 가족들은 모두 나에게 아낌없는 사랑과 기쁨을 전해주었습니다. 서로의 기쁜 일을 함께 축하했고, 어려운 일을 참고 견뎌야 하는 상황에서 기대고 싶은 사람이 필요할 때 기꺼이 손을 내밀어주었습니다. 우리 가족들을 통해 나는 이 책을 쓰기 시작할 수 있었고, 최선의 노력을 할 수 있게 되었습니다.

나를 위해 먼저 길을 만들어주시고 저 하늘에 먼저 가신 선배들에게 감사를 전합니다. 그분들은 여전히 나에게 자존감과 사랑, 희망의 존재로 살아 계십니다. 앨빈 보레츠(Alvin Boretz), 루스 칸바일러(Ruth Kahnweiler), 루이스 칸바일러(Louis Kahnweiler), 알린 가슨(Arline Garson). 항상 마음속에서 생각하며 그리워하고 있습니다.

내향적 구성원에게 친화적인
일터 만들기

배럿-쾰러(Berrett-Koehler)의 멋진 팀에게 깊은 감사를 보냅니다. 특히 12년 동안 내 편집자로 일해준 스티브 피어산티(Steve Persanti)는 새로운 분야를 지속적으로 탐색하는 일을 할 때 적극적인 도움을 주었습니다. 항상 나의 친구로 곁에 있어준 지반 시바수브라마니암(Jeevan Sivasubramaniam)에게도 감사합니다.

'마스터 마인드(Master Mind)' 그룹, 조지아의 '전국 강사 연합', 토요일에 모이는 여성동료모임, 배럿-쾰러의 작가 커뮤니티는 나에게 끊임없이 도전과제를 제공해주었고, 탁월한 성과를 만들어낼 수 있도록 지지를 보내주었습니다. 진심으로 감사드립니다.

나의 어시스턴트 알린 콘(Arlene Cohn), 편집자 다니엘 굿맨(Danielle Goodman), 도서기획자 데이브 피아티(Dave Peattie), 교열담당자 로우 도세트(Lou Doucette), BK 리뷰 팀은 이 책을 완성하기까지 어마어마한 도움을 주었습니다. 정말 감사합니다.

그리고 나의 책을 읽어주신 독자님들, 강의를 들어주신 참가자분들과 고객님들은 이 책의 시작부터 함께해주셨고, 프로젝트를 계속해나갈 수 있는 힘을 주셨습니다. 소중한 지혜를 나눠주시고, 보다 포용적인 일터를 만들기 위해 노력하신 아이디어를 공유해주신 여러분에게 정말 많은 신세를 졌습니다. 이 의미있는 여행을 해나가는 데 있어서, 저는 여러분들로부터 매일매일을 살아갈 수 있는 에너지를 얻곤 합니다. 진심으로 감사드립니다.

저자의 작품을 활용해서 작업해보기

우리 회사에서는 구성원들을 위해, 제니퍼 박사를 초청해서 즐거운 "언플러그드 세션(Unplugged Session)"을 진행했습니다. 제니퍼 박사의 책『상처받지 않고 일하는 법(The Introverted Leader)』을 읽고 온 팀구성원들이 적극적으로 참여하는 모습을 보고 정말 깜짝 놀랐습니다! 제니퍼 박사는 사람들을 연결시켜주고, 개방적으로 논의하는 분위기를 촉진하는 데에 탁월한 능력이 있으시더라구요. 우리 조직 구성원들은 서로에게 마음을 열고 내용이 풍부한 대화를 하는 기회를 가질수 있었습니다. 이번에 다루었던 주제는 앞으로 우리가 사업을 확장해나가는 과정에서도 매우 중요한 것이기 때문에, 계속해서 더 넓게 논의해보려고 합니다. 제니퍼 박사님, "내향적인 사람들의 강력한 후원자"가 되어주셔서 정말 감사합니다!

– 제니퍼 마시올리-루더(Jennifer Masciolo-Tudor),

MBA, 'Outset Medical'의 품질 및 인허가 조직의 부사장

공인인증된 전문강사인 제니퍼 칸바일러(Jennifer B. Kahnweiler) 박사는 전세계적으로 유명한 리더십 기조연설가이며, 조지아주 아틀란타에 살고 있는 베스트셀러 작가다. 제니퍼 박사가 운영하는 회사에서

내향적 구성원에게 친화적인
일터 만들기

는 시니어 리더들 및 패널들과의 인터뷰, 내향적인 리더들에 대한 전사적 토론, 기조연설, 세미나, 온라인 학습을 통해, 다양한 학습 기회를 제공해준다.

모든 프로그램에서는 제니퍼 박사가 집필한 도서를 활용해서 더욱 풍부한 내용을 만들어 나간다. 『상처받지 않고 일하는 법(*The Introverted Leader*)』, 『조용한 영향력(*Quiet Influence*)』, 『서로 반대의 성향이 함께 만들어내는 천재성(*The Genius of Opposites*)』, 그리고 이 책, 『내향적 구성원에게 친화적인 일터 만들기(*Creating Introvert-Friendly Workplaces*)』는 대면 교육과 온라인 교육에서 매우 도움이 큰 자료로 사용되고 있다.

이제 우리 회사에서 진행했던 프로그램에 대해 소개해보려고 한다. 독자분들은 자신의 조직이 가지고 있는 니즈에 맞게 조율해볼 수 있을 것이다.

오전 프로그램 옵션

기조연설로 시작하기(Keynote Kickoff)

『상처받지 않고 일하는 법(*The Introverted Leader*)』, 『조용한 영향력(*Quiet Influence*)』, 『서로 반대의 성향이 함께 만들어내는 천재성(*The Genius of Opposites*)』, 『내향적 구성원에게 친화적인 일터 만들기(*Creating Introvert-Friendly Workplaces*)』의 책 내용은 75분 정도의 기조연설에서 소개할 수 있다. 기조연설은 교육 프로그램을 시작하고, 자극을 제공하고, 더 많은 것을 알아보고 싶다는 흥미를 일으킬 수 있는 좋은 방법이다. 뒷부분에 소개하는 기조연설과 심층워크샵에 대한 내용을 읽어보기 바란다.

작가에 대한 인터뷰

당신의 조직에서 근무하고 있는 내향적인 사람들의 자원을 잘 이해하고 있는 시니어 리더로 하여금 제니퍼 박사가 집필한 책 한두권에 대해 인터뷰를 하도록 할 수 있다. 교육 프로그램의 핵심 주제, 책의 내용에 초점을 맞추고, 청중의 Q&A를 받아볼 수도 있고, 책에 사인을 받는 시간을 가져도 좋다. 이 시간을 녹화해서, 교육에 참석하지 못한 사람들이 이후에 볼 수도 있을 것이다. 교육생들은 작가와 소통을 많이 해보면서 적극적으로 참여하게 되며, 심층적이고 내용이 풍부한 상호작용을 할 수 있다는 큰 강점이 있는 교육 형태이다.

패널과의 짧은 대화

제니퍼 박사는 내향적 리더십과 내향성-친화적 일터환경 조성정책의 최신 트렌드에 대해 10~15분 동안 이야기를 해준다.

그리고 당신의 조직에 소속된 두세 명의 내향적 리더들로 패널을 구성해서, 회사에서 어떻게 성공할 수 있었는지, 그리고 내향성을 가진 사람으로서 어떤 어려움을 겪었는지에 대한 질문에 대해 대답을 할 수 있게 해준다. 제니퍼 박사는 프로그램을 시작하기 전에 미리 패널들과 이야기를 해서 원활하게 Q&A시간이 진행될 수 있게 도와준다.

내향적 구성원에게 친화적인
일터 만들기

이와 같은 포맷은 당신의 조직에 있는 내향적 리더들의 존재를 알려주게 되고, 많은 내향성 구성원들이 있다는 사실을 인식하게 해준다. 당신의 조직에서 내향성이란 가치있는 기질이자 토론할 만한 중요한 주제라는 것을 강조하게 되는 것이다.

오후 프로그램 옵션

심층 워크샵(Deep Dive Workshop)

3.5시간의 워크샵을 진행하는 데에는 최고 25명 정도가 참여하는 것이 좋다. 좀더 심층적인 내용으로 프로그램을 구성하고, 좀더 높은 수준의 스킬을 연습하는 시간이 될 것이기 때문이다. 당신이 원하는 목표에 관련된 내용으로, 『상처받지 않고 일하는 법(The Introverted Leader)』, 『조용한 영향력(Quiet Influence)』, 『서로 반대의 성향이 함께 만들어내는 천재성(The Genius of Opposites)』, 그리고 이 책, 『내향적 구성원에게 친화적인 일터 만들기(Creating Introvert-Friendly Workplaces)』에서 주제를 찾으면 좋겠다. 내향적인 사람들이 성공적으로 회의에 참여해서 긍정적인 결과를 만들어내는 방법, 효과적인 프레젠테이션을 하는 방법, 생산적인 네트워킹을 하는 방법 등과 같은 주제가 있을 수 있다. 실용적인 연습, 평가, 적용 도구 실습, 액션 플래닝 등을 하는 시간이 제공될 것이다.

관리자들과의 컨설팅 세션

제니퍼 박사는 관리자들과 솔직하게 소통할 수 있는 토론 세션을 진행한다. 점심시간을 활용하면 바람직할 것이다. 관리자들은 내향적인 구성원들을 리딩하는 데 있어서 경험했던 어려운 문제를 논의의 장에 가져올 수 있다. 내향적인 구성원들을 위해 핵심인재 관리·채용, 회의진행, 일터 디자인, 리모트 워크 옵션을 어떻게 구성하면 좋을지에 대해 이야기해볼 수 있을 것이다.

프로그램 이후의 조력방법

온라인 팔로업 코칭(Online Follow-up Coaching)

그룹코칭을 진행하게 되면 기조연설과 워크샵에서 전달했던 메시지를 보다 더 오랫동안 의미있는 방법으로 구성원들이 기억하게 하는 데 도움이 될 수 있다. 제니퍼 박사는 교육 프로그램을 진행한지 4~6주가 지난 후, 6~8명으로 구성된 몇 개의 그룹과 1시간짜리 온라인 코칭(Zoom 활용)을 진행한다. 이 과정을 통해, 참가자들은 특정한 주제에 초점을 맞춰 심층적인 대화를 할 수 있게 되며, 워크샵과 기조연설 때 계획했던 행동을 하는 데 있어서 생기는 문제를 함께 풀어볼 수 있게 된다. 참가자들은 안전하고 서로를 신뢰하는 환경 속에서 서로의 성공경험을 공유하고, 도전과제를 같이 고민하며, 동료의 피드백을 받는 기회를 가질 수 있다.

독서 클럽

교육프로그램의 효과를 지속시키고, 건강한 조직문화를 강화하기 위해, 구성원들에게 제니퍼 박사의 책을 구입해서 선물해주자. 저자의 토론 가이드를 받을 수 있을 것이다. 구성원들은 클럽 미팅에 참여하기 전에 한 챕터씩 읽고 오면 된다. 제니퍼 박사는 내부 퍼실리테이터들을 교육해서, 효과적으로 독서클럽 토론을 진행하는 방법에 대해 알려줄 수 있다. 앞에서 소개했던 '독서토론 진행을 위한 가이드'에서 소개했던 질문 샘플을 활용해보도록 하자.

모든 프로그램 구성에 포함시킬 항목들

사전 인터뷰

제니퍼 박사는 프로그램 진행 전에 당신이 추천하는 참가자(최소 6명)를 인터뷰할 것이다. 보다 효과적으로 프로그램을 운영하기 위해, 조직의 문화에 대해 더 많이 파악하고, 구성원들이 경험하고 있는 이슈와 배우기를 바라는 주제가 어떤 것인지에 대해 질문해볼 수 있다.

기획팀에게 교육 프로그램에서 얻은 인사이트를 알려주는 시간 갖기

제니퍼 박사는 교육 프로그램에서 어떤 것이 효과적이었는지를 이야기해주는 온라인 미팅을 기획팀과 함께 진행할 것이다. 그리고, 당신의 조직에서 보다 내향성-친화적 일터 문화를 강화하는 데에 도움이 될 만한 아이디어를 제안해줄 것이다.

기조연설과 심층워크샵

이 세션은 제니퍼 박사의 책에서 다룬 주제에 맞춰 진행된다. 제니퍼 박사는 자신의 독특한 경험과 최근 연구결과들을 소개해준다. 참여자들은 업무현장에 돌아가서 바로 적용해볼 수 있는 행동계획을 세워볼 수 있다. 기조연설은 대부분의 경우 1시간 정도 진행되며, 다양한 사례들과 세련된 유머로 가득차 있어서, 참가자들이 새로운 시각과 인식을 얻을 수 있게 해준다. 워크샵은 제공된 자료들을 보다 심층적으로 공부할 수 있는 시간이므로, 반나절이나 하루 동안 진행된다.

상처받지 않고 일하는 법(The Introverted Leader)

"당신은 일터에서의 성공을 위해 필요한 핵심요소를 배우기 원하는 내향적인 사람입니까?" "당신은 내향적인 구성원들과 함께 일하고 있거나, 그들을 리딩하고 있습니까? 내향적인 사람들의 강점을 잘 활용할 수 있는 전략에 대해 고민하고 있습니까?"

내향적인 구성원들이 정말 훌륭한 리더로 성장하는 경우가 많다. 제니퍼 박사는 다양한 사례와 연구결과를 제시하면서, 내향적인 사람들이 자신의 성향을 변화시키지 않으면서도 어떻게 리더로서 성공을 거두는지, 최고의 동료가 되는지에 대해 보여준다. 참가자들은 내향적인 사람들의 특성에 대해 배우면서, 구성원들의 강점을 활용해서 리딩하고 코칭하는 4 Ps(Prepare:준비시키기, Presence: 함께 있어주기, Push: 자극주기, Practice: 연습시키기) 과정 사용방법을 익히게 될 것이다.

서로 반대의 성향이 함께 만들어내는 천재성(The Genius of Opposites)

독자분들도 일터에서 내향적이거나 외향적인 동료들과 함께 일하면서 좌절해본 경험이 종종 있었을 것이다. 서로 다른 성향을 가진 사람들끼리 매력을 느끼는 건 사실이지만, 함께 협업을 해서 성공적인 성과를 만들어내기 위해서는 효과적인 상호작용이 반드시 필요하다. 세심한 관계 유지 및 균형을 잡기 위한 노력이 없이는, 곧 갈등과 오해가 발생할 가능성이 높기 때문이다. 기조연설에서 우리는 좌절의 상황을 극복하고, 신뢰로운 협업을 통해 지속적으로 긍정적인 성과가 보장되도록 할 수 있는 방법을 배우게 될 것이다. 제니퍼 박사는 반대 성향의 사람들이 모였을 때 만들어낼 수 있는 최적의 성과 프로세스를 보여줄 것이다. 성공적인 결과를 만들어내기 위해 필요한 다섯가지 핵심 요소들의 적용 방법을 배워보도록 하자. 낯선 동료를 수용하기, 용감하게 맞서 부딪히기, 서로를 이해하기, 오해를 종식하기, 통제불가능한 부분을 인정하기.

조용한 영향력(Quiet Influence)

내향적인 사람들이 외향적으로 행동하는 것을 멈추고, 자신이 가지고 있는 진정한 강점을 활용할 때 최고의 긍정적인 영향력을 발휘한다는 것을 들어본 적이 있는가? 이 조용한 영향력이 효율적으로 사용될 수 있는 프로세스를 안착시키는 방법을 배워보고, 내향적인 사람들이 가지고 있는 여섯가지의 강점을 최대한 활용해보도록 하자. 혼자 일하는 조용한 시간을 가지기, 미리 준비하기, 적극적으로 경청하기, 집중적인 대화를 나누기, 소셜미디어를 신중하게 사용하기, 글을 쓰면서 생각을 정리하기. 내향적인 사람들은 자신만이 만들어낼 수 있는 독특한 성과창출을 도와줄 실용적인 전략을 배울 수 있을 것이다.

내향적 구성원에게 친화적인 일터 만들기(Creating Introvert-Friendly Workplaces)

내향적인 사람들은 자신의 조직에 대해 어떤 시각을 가지고 있는지 당신은 알고 있는가? 그리고 당신의 조직을 보다 내향성-친화적으로 만들기 위해서는 어떤 단계를 밟아나가야 할까? 이 기조연설은 최신 연구결과와 베스트 프랙티스들을 공유하는 데에 초점을 맞추면서, 당신이 기대하는 방향으로 나갈 수 있도록 도와줄 것이다. 제니퍼 박사는 내향적인 사람들에 대해 우리가 가지고 있는 편견을 보여주고, 내향성-친화적인 일터가 되기 위해 검토해봐야 할 프로그램들을 알려준다(예: 개방형 사무실 공간, 채용 과정).

그에 더해서, 시니어 리더들을 대화에 참여시키는 방법과 같이, 변화를 만들어내기 위한 핵심적인 방법 다섯가지도 배우게 될 것이다. 당신이 리더이거나 팀구성원이거나 상관없이, 모든 사람들의 재능과 자원을 최대한 활용하기 위해 필요한 실용적인 접근법을 다양하게 얻을 수 있게 될 것이다.

웨비나(webinar)

제니퍼 박사의 회사에서는 당신의 조직 구성원들이 웨비나를 할 수 있는 환경을 조성해줄 것이다. 제니퍼 박사는 온라인 학습 도구 활용의 전문가이므로, 사람들의 적극적인 참여를 이끌어낼수 있는 시각자료, 상호작용이 가능한 활동, 다양한 실습 과제를 담은 웨비나를 진행한다. 웨비나는 이동에 들어가는 비용을 줄이면서도 짧은 시간 내에 교육프로그램을 진행할 수 있는 효과적인 방법이다.

내향적인 리더: 온라인 코스

제니퍼 박사는 Velociteach社와 파트너십을 맺고, '내향적인 리더: 오늘날의 외향적인 일터에서 팀을 리딩하기'라는 온라인 코스를 개발하였다. 이 교육 프로그램에 참가한 프로젝트 관리자들은 HRCI(인적자원인증원)나 SHRM(미국 인적자원관리학회) 자격취득에 필요한 4.5 크레딧을 획득할 수 있다. 이 코스에서는 다양한 음성자료와 시각자료를 경험할 수 있다. 워크북에 실린 퀴즈는 각각의 모듈을 가지고 있다. 리모트 워크를 하고 있어서 직접 교육에 참여할 수 없는 구성원들이 독자적으로 공부할 수 있는 효과적인 방법이 될 것이다. 제니퍼 박사의 고객들은 자신의 구성원들도 모두 사용할 수 있는 할인코드를 받을 수 있다.

다음 단계

제니퍼 박사에게 연락하기

제니퍼 박사의 월간 뉴스레터와 블로그 회원이 될 수 있고, 소셜 미디어에서도 다양한 자료들을 접해볼 수 있다.

- 링크드인: JenniferKahnweiler
- 페이스북: JKahnweiler
- 인스타그램: JenniferKahnweiler
- 트위터: @JennKahnweiler

제니퍼 박사의 동영상 시청하기

제니퍼 박사의 유튜브 채널 구독하기

http://www.youtube.com/user/jkahnweiler?blend=1&ob=5

제니퍼 박사와 소통하기

당신의 조직에서 가장 효율적으로 활용할 수 있는 옵션이 무엇이 있을지 질문하고, 컨설팅 일정을 예약하려면, info@jenniferkahnweiler.com 으로 메일을 보내면 된다. 제니퍼 박사는 독자분들로부터 다양한 이야기를 들을 수 있기를 기대하고 있다.

내향적 구성원에게 친화적인
일터 만들기

　제니퍼 칸바일러(Jennifer Kahnweiler) 박사는 공인인증강사(CSP)이 자 작가이며 전세계적으로 이름을 떨치고 있는 리더십 강사이다. "내 향적인 사람들의 후원자"라는 별명이 붙을 정도로, 지난 10년 동안 내 향성에 대한 관심을 불러일으키는 데에 있어서 선구자적인 역할을 하 였다. 제니퍼의 첫번째 책, 『상처받지 않고 일하는 법(The Introverted Leader, 2009년 출간, 2018년 수정판 출간)』은 일터에서 내향적인 사람들 이 발휘할 수 있는 힘을 인식하는 데에 도움이 되었다. 『조용한 영향력 (Quiet Influence, 2013)』, 『서로 반대의 성향이 함께 만들어내는 천재성 (The Genius of Opposites, 2015)』은 17개국의 언어로 번역되었다.

　제니퍼는 스스로를 외향적인 사람이라고 말하며, 가족으로부터 내 향성에 대한 가장 중요한 교훈을 얻었다고 이야기한다. 게임에 몰두해 있던 여섯살짜리 손녀에게 몇분 동안 쉬지 않고 이야기를 했던 적이 있 다. 손녀 에이바 루스(Ava Ruth)는 제니퍼를 쳐다보더니 이렇게 말했다. "할머니, 좀… 짜임새있게 얘기를 해주세요!" 아이의 입에서 이런 심오

한 말이 나오다니!

제니퍼의 내향적인 배우자 빌은 밖에서 사람들과 어울리다가 들어온 다음에는 혼자 조용히 있을 수 있는 시간을 항상 필요로 하는 사람이었다. 데이트를 시작한 시기, 제니퍼는 빌에게 "무슨 문제가 있는 거야?"라는 질문을 하고 대답을 들으려 애썼다가 숱한 좌절을 했었다. 사실 아무것도 잘못된 것은 없었고, 빌은 그저 자신의 내적 배터리를 재충전하기를 원했던 것뿐이었는데 말이다. 그 다음부터 제니퍼는 내향성에 대한 연구를 시작했다. 그 주제는 너무나 매력적으로 느껴졌고, 이론적으로는 내향적인 사람들에 대해 더 깊게 이해를 하게 되었으며, 개인적으로는 50년 이상 함께 살아왔던 배우자에 대해 더 잘 파악하게 되었다. 제니퍼의 목표는 내향적인 사람들이 자신의 강점을 효과적으로 발휘할 수 있도록 지원하는 것이 되었고, 그 과정 속에서 자기자신의 내향적인 수퍼파워가 점점 커져가는 긍정적인 결과를 경험할 수 있었다.

제니퍼는 혼자 조용한 시간을 어떻게 가지는지, 사전준비를 어떻게 하는지, 말하기 전에 어떻게 생각하는지에 대해 배우게 되었고, 시끄러운 세상에서 겸손한 태도를 취하는 것이 어떤 사람에게든 대단한 자산이 될 수 있다는 것을 깨닫게 되었다.

제니퍼는 내향성이라는 주제에 대해 포춘, 포브스, 타임, 뉴욕타임즈, 월스트리트저널과 같은 메이저 언론에 글을 실었고, 다양한 팟캐스트에 출연하였다. 싱가포르부터 스페인까지, 전세계를 다니면서 기조연설과 세미나를 진행해달라는 초청을 받았고, 일터에서의 내향적인 사람들에 대한 인식도와 수용도를 높이기 위해 다양한 조직에서 일하였다(미국항공우주국, 보쉬, 머크 제약회사, 미국 과학연구진흥협회, 베트남 주재 미대사관, 프레디맥, 미국 질병통제센터, 인적자원관리학회, 미국 도서관협회, 미국경영학회, TEDx).

제니퍼는 초등학교 상담교사, 대학 행정직원, 연방정부 프로그램 디렉터, 커리어 코치라는 다양한 커리어도 경험하였다. 여름방학에는 신문구독영업도 해본 적 있고, 엠파이어 스테이트 빌딩의 접수담당자로도 일해보았으며, 지방법원의 기록원으로 일하기도 했다. 이 모든 경험은 일터에서 함께 일하는 사람들에 대한 그녀의 관심을 높여놓았다.

제니퍼는 플로리다 주립대에서 상담과 조직개발을 전공으로 박사학위를 받았고, 세인트 루이스의 워싱턴 대학에서 사회학과 상담 전공으로 학사와 석사학위를 받았다. 전국 강사 협회에 속한 많은 강사들 중에서도 소수만 획득할 수 있는 공인인증강사(CSP: Certified Speaking Professional) 자격증을 가지고 있다. 제니퍼는 조지아의 전국 강사 협회의 부회장이기도 하다. 많은 전문직 여성들의 멘토로 활발하게 활동하고 있으며, 뉴욕에서 태어났지만 이제 조지아주 애틀랜타에서 살고 있다.

역자 소개

박정민

　이화여자대학교 대학원 심리학과에서 상담심리학 전공으로 박사 학위를 받았다. 한국청소년상담원(현 한국청소년상담복지개발원) 선임상담원, 이화여자대학교 학생상담센터 상담원, ㈜다산E&E의 EAP 팀장, ㈜피플인싸이트그룹의 EAP 팀장, ㈜리더스인싸이트그룹의 Development 담당 상무를 역임하였고, 현재 COZY SUDA라는 1인 기업 대표로 재직 중이다. 다양한 조직의 임원 및 중간관리자, 구성원을 대상으로 Smart Leadership & Followership 개발을 조력하는 Coach, 역량을 평가하는 Assessor, 건강한 마음관리를 하는 Counselor로 활발히 활동하고 있다.

[Homepage] www.cozysuda.com
[Email] monica@cozysuda.com

[저서]

일에 대한 모든 수다(지식과 감성, 2019)
코칭여행자를 위한 안내서(지식과 감성, 2015)
오해하지 말아주세요(박영스토리, 2014)
남자의 공간(21세기북스, 2013)
멘붕 탈출! 스트레스 관리(학지사, 2013)

[역서]

Can you hear me?: 효과적인 온라인 업무소통 방법 (박영스토리, 2021)
동기부여 도구상자 (박영스토리, 2020)
평판: 나를 둘러싼 평판. 평판이란 무엇인가? 왜 중요한가? (박영스토리, 2019)

내향적 구성원에게 친화적인
일터 만들기

일터에서 긍정심리학 활용하기(박영스토리, 2019)

일의 심리학: 옥스포드 심리학 총서(박영스토리, 2018)

밀레니얼 세대가 일터에서 원하는 것(박영스토리, 2017)

나의 일을 의미있게 만드는 방법(박영스토리, 2016)

일터에서 의미찾기(박영스토리, 2015)

역량기반 평가기법(지식과 감성, 2015)

스트레스 없는 풍요로운 삶(시그마프레스, 2013)

상사를 관리하라(랜덤하우스, 2011)

Y세대의 코칭 전략(시그마북스, 2010)

중간관리자의 성과코칭전략(이너북스, 2009)

심리치료의 거장(학지사, 2008)

내향적 구성원에게 친화적인 일터 만들기

초판발행   2022년 1월 5일

지은이   Jenifer B. Kahnweiler
옮긴이   박정민
펴낸이   노 현

편 집   문선미
디자인   BEN STORY
제 작   고철민·조영환

펴낸곳   (주) 피와이메이트
            서울특별시 금천구 가산디지털2로 53 한라시그마밸리 210호(가산동)
            등록 2014. 2. 12. 제2018-000080호
전 화   02)733-6771
f a x   02)736-4818
e-mail   pys@pybook.co.kr
homepage   www.pybook.co.kr
ISBN   979-11-6519-172-6   03320

* 잘못된 책은 바꿔드립니다. 본서의 무단복제행위를 금합니다.
* 역자와 협의하여 인지첩부를 생략합니다.

정 가   15,000원

박영스토리는 박영사와 함께하는 브랜드입니다.